実況！空想サッカー研究所
もしも織田信長が日本代表監督だったら

清水英斗・作
フルカワマモる・絵

集英社みらい文庫

はじめに

おっほん！　空想《くうそう》サッカー研究所《けんきゅうじょ》・所長《しょちょう》の清水英斗《しみずひでと》じゃ。

サッカーにいちばん必要《ひつよう》なものは、なんだと思《おも》う？

それは『ビックリ』じゃ！　相手《あいて》がおどろくようなプレーをしなければ、ディフェンダーを抜《ぬ》けないし、ゴールにたどりつけない。メッシも、クリスティアーノ・ロナウドも、いつもみんなをビックリさせるだろう？　それがいい選手《せんしゅ》の条件《じょうけん》じゃ。

みんなにも、ワシがひっくりかえるようなアイデアを見《み》せてほしいのう。

そこで空想《くうそう》じゃ！

……なに？　富士山《ふじさん》でサッカーをするなんて、ありえない？

……なに？　メッシとロナウドが同《おな》じチームになるなんて、ありえない？

……なに？　小学生《しょうがくせい》がドライブシュートなんて、ありえない？

……なに？　織田信長《おだのぶなが》がサッカーの監督《かんとく》なんて、ありえない？

わっはっは！　それを空想《くうそう》して、アイデアをだしてみようじゃないか！　もしかしたら、奇跡《きせき》の戦術《せんじゅつ》が生《う》まれるかもしれんぞ！

サッカーはひろいな。大《おお》きいな。

ワールドカップやチャンピオンズリーグ決勝《けっしょう》は、世界《せかい》で何十億《なんじゅうおく》もの人《ひと》が見《み》ておる。メッシやロナウドがゴールをきめた瞬間《しゅんかん》は、英語《えいご》で、スペイン語《ご》で、ポルトガル語《ご》で、中国語《ちゅうごくご》で、そして日本語《にほんご》で、「メッシすげえええぇ！」が地球《ちきゅう》にこだまする。

ワシらが「ありえない！」ときめつけたことから、ブラジル人《じん》はなにかアイデアをひらめくかもしれん。ワシらが「無理《むり》！」とあきらめたことでも、ドイツ人《じん》ならうまくやるかもしれん。世界《せかい》はひろいのじゃ。

負《ま》けてはおれんぞ！　助手《じょしゅ》のタローくんといっしょに、ワシらもたくさん空想《くうそう》しよう！

サッカーのみらいを発見《はっけん》するのじゃ！

第《だい》1章《しょう》 空想戦術《くうそうせんじゅつ》編《へん》

8

もしも、小学生《しょうがくせい》でドライブシュートができたら？

もしも、クリスティアーノ・ロナウドとリオネル・メッシが
　　同《おな》じチームになったら？

もしも、ワールドカップに外国人枠《がいこくじんわく》が3つあったら？

もしも、サッカーの選手交代《せんしゅこうたい》が何人《なんにん》でもOK《オーケー》だったら？

もしも、ワールドカップが毎年開催《まいとしかいさい》されたら？

もしも、サッカーをスーパーロボット（人工知能《じんこうちのう》）がプレーしたら？

もしも、J《ジェイ》リーグにドラフト制度《せいど》があったら？

もしも、天才《てんさい》リオネル・メッシが右《みぎ》ききだったら？

もしも、サッカーにオフサイドがなかったら？

もしも、小学校《しょうがっこう》の体育《たいいく》の授業《じゅぎょう》がサッカーばかりだったら？

第《だい》2章《しょう》 空想試合編《くうそうしあいへん》

もしも、小学生《しょうがくせい》がワールドカップに出場《しゅつじょう》できるとしたら？

もしも、サッカー少年《しょうねん》22人《にん》VS《ブイエス》プロサッカー選手《せんしゅ》4人《にん》で試合《しあい》をしたら？

もしも、ヨーロッパチャンピオンズリーグにJ《ジェイ》リーグ優勝《ゆうしょう》クラブが出場《しゅつじょう》したら？

もしも、ワールドカップが富士山頂《ふじさんちょう》で開催《かいさい》されたら？

もしも、ワールドカップが巨大冷蔵庫《きょだいれいぞうこ》で開催《かいさい》されたら？

もしも、身長《しんちょう》170cm以下《いか》イレブンVS《ブイエス》身長《しんちょう》190cm以上《いじょう》イレブンが試合《しあい》をしたら？

もしも、ストライカー11人《にん》VS《ブイエス》ディフェンダー11人《にん》が試合《しあい》をしたら？

もしも、男子《だんし》と女子《じょし》が試合《しあい》をしたら？

第《だい》3章《しょう》 空想監督《くうそうかんとく》編《へん》

もしも、織田信長《おだのぶなが》が日本代表《にっぽんだいひょう》の監督《かんとく》だったら？

もしも、徳川家康《とくがわいえやす》がポルトガル代表《だいひょう》の監督《かんとく》だったら？

もしも、豊臣秀吉《とよとみひでよし》が中国代表《ちゅうごくだいひょう》の監督《かんとく》だったら？

もしも、武田信玄《たけだしんげん》がブラジル代表《だいひょう》の監督《かんとく》だったら？

もしも、上杉謙信《うえすぎけんしん》がアルゼンチン代表《だいひょう》の監督《かんとく》だったら？

もしも、毛利元就《もうりもとなり》がイングランド代表《だいひょう》の監督《かんとく》だったら？

もしも、伊達政宗《だてまさむね》がスペイン代表《だいひょう》の監督《かんとく》だったら？

もしも、天草四郎時貞《あまくさしろうときさだ》がイタリア代表《だいひょう》の監督《かんとく》だったら？

もしも、坂本龍馬《さかもとりょうま》がオランダ代表《だいひょう》の監督《かんとく》だったら？

もしも、西郷隆盛《さいごうたかもり》がドイツ代表《だいひょう》の監督《かんとく》だったら？

もしも、ペリーがアメリカ代表《だいひょう》の監督《かんとく》だったら？

第《だい》1章《しょう》 空《くう》想《そう》戦《せん》術《じゅつ》編《へん》

まずはふつうではありえないルールや戦術《せんじゅつ》になったとき、どんなサッカーになるのかを空想《くうそう》するぞ！　もしもメッシが右《みぎ》ききだったら？　もしもオフサイドがなかったら？　もしも人工知能《じんこうちのう》がプレーしたら？　もしも選手《せんしゅ》交代《こうたい》が何人《なんにん》でもOK《オーケー》だったら？

ぜんぜんちがうサッカーになりそうで、おもしろそうじゃな！

サッカーがうまくなるヒントもかくれておる。助手《じょしゅ》のタローくんは頭《あたま》がかたくてこまるが、みんなはやわらか～くして、読《よ》んでくれ！

頭《あたま》がかたいから
ヘディングなら
所長《しょちょう》にも
負《ま》けませんよ！

もしも、小学生《しょうがくせい》でドライブシュートができたら？
ズバリ！
じつは小学生《しょうがくせい》でもかんたんにできる方法《ほうほう》があります。その方法《ほうほう》とは…!?

■もしも、小学生《しょうがくせい》でドライブシュートができたら？

マンガ『キャプテン翼《つばさ》』の主人公《しゅじんこう》・大空翼《おおぞらつばさ》が中学生時代《ちゅうがくせいじだい》にマスターしたとんでもない変化《へんか》を見《み》せる必殺技《ひっさつわざ》「ドライブシュート」。実際《じっさい》、フリーキックやミドルシュートなど、プロサッカー選手《せんしゅ》でもこのシュートをつかってゴールをきめる選手《せんしゅ》はたくさんいます。

しかし、独特《どくとく》の回転《かいてん》を生《う》みだすドライブシュートは、練習《れんしゅう》でも試合《しあい》でもける機会《きかい》はめったにないむずかしいキックです。そんな難易度《なんいど》の高《たか》い大技《おおわざ》を、小《しょう》・中学生《ちゅうがくせい》でもきめることは可能《かのう》なのでしょうか。

「いっけ〜、ドライブシュートだ！　……なんて。やっぱり夢《ゆめ》みたいな話《はなし》ですよね。小学生《しょうがくせい》にできるわけがないのに」

「いやいや、ドライブシュートならタローくんでもできるぞ！」

「ですよねー。ボクでもドライブシュートくらいでき……って、ええ！　本当《ほんとう》に？　ボクも翼《つばさ》くんになれるんですか？」

ドライブシュートとは、ボールがすすむ方向《ほうこう》にたて回転《かいてん》するシュートのこと。上《うえ》から下《した》に、ボールがすっと落《お》ちてきます。

もし、これが小学生《しょうがくせい》に打《う》てたら、すごく有利《ゆうり》です。なぜなら、GK《ゴールキーパー》の身長《しんちょう》が大人《おとな》よりも低《ひく》いので、高《たか》いボールに手《て》がとどかない。さらに、上《うえ》から落《お》ちてくるシュートは重《おも》さがあるので、はじくのもたいへんです。ただ、問題《もんだい》はどうやって打《う》つかですが……。

「それはかんたん。浮《う》き球《だま》をねらってければいいのじゃ」

「浮《う》き球《だま》!?」

「そう。地面《じめん》においてあるボールでドライブシュートをけるのは、プロでもむずかしい。地面《じめん》がじゃまで、下《した》から上《うえ》にボールをこすりあげにくいからな。でも……」

浮《う》き球《だま》なら、ボールの下《した》に足《あし》がザクッとはいります。そこからななめ上《うえ》にむかって思《おも》いっきり足《あし》をふりあげると、ボールが飛《と》びだすときに、ドライブ回転《かいてん》がかかるようになります。ボールの上《うえ》へふりぬくイメージですね。これですっと落《お》ちるドライブシュートになります。

逆《ぎゃく》に、ボールの下《した》へふりぬくイメージでけると、バックスピンがかかってうきあがるボールになります。GK《ゴールキーパー》のパントキックのように、少《すこ》し身体《からだ》をたおしてよこからけると、けりやすいですね。J《ジェイ》リーグでは浦和《うらわ》レッズの西川周作選手《にしかわしゅうさくせんしゅ》が得意《とくい》なキックです。

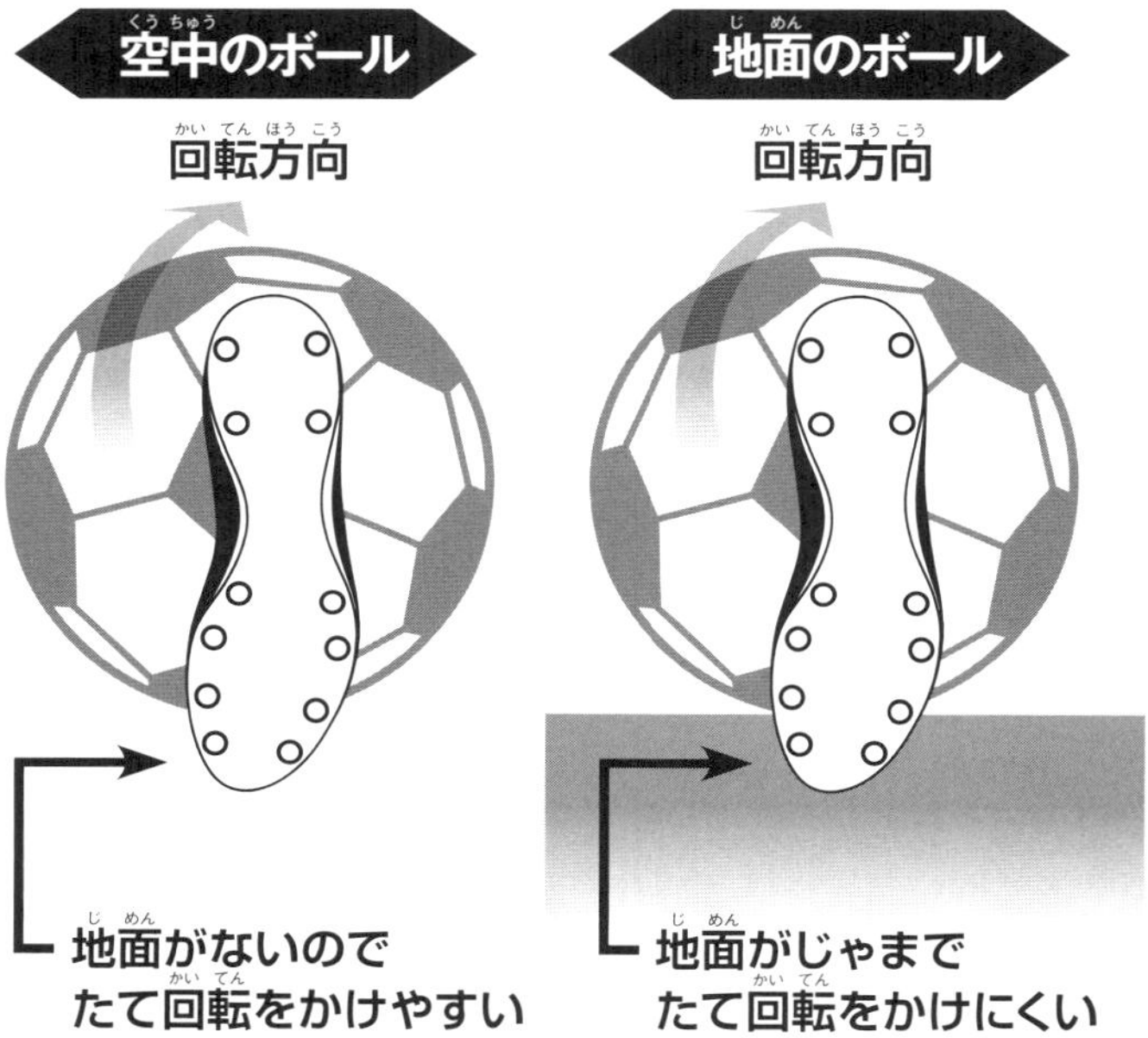

「なるほど！　浮《う》き球《だま》っていろいろ便利《べんり》なんですね」

「南米《なんべい》の選手《せんしゅ》たちは浮《う》き球《だま》をよくつかうぞ。ボールをうかせれば、相手《あいて》の足《あし》や頭《あたま》をこして抜《ぬ》きやすくなるし、シュートも打《う》ちやすくなるからな」

「へー。所長《しょちょう》はもの知《し》りですねぇ」

「あたりまえじゃ。なぜならワシは日々《ひび》サッカーを空想《くうそう》しておる」

「よくわからないけど、すごい自《じ》信《しん》だ……！」

もしも、クリスティアーノ・ロナウドとリオネル・メッシが同《おな》じチームになったら？
ズバリ！
世界最強《せかいさいきょう》コンビが誕生《たんじょう》！　しかし、チームは弱《よわ》くなる！　その理由《りゆう》は…!?

■もしも、クリスティアーノ・ロナウドとリオネル・メッシが同《おな》じチームになったら？

２００８年《ねん》、最優秀選手賞《バロンドール》はロナウドが選《えら》ばれました。２００９年《ねん》からはメッシが４年《ねん》連続《れんぞく》でバロンドール。そのあと、２０１３年《ねん》と２０１４年《ねん》はロナウドがとりかえし、２０１５年《ねん》はメッシがとりかえし、２０１６年《ねん》はロナウドがとりかえす。まさに世界最高《せかいさいこう》の座《ざ》をあらそう２人《ふたり》です。

びっくりするほど長《なが》く、２強《きょう》がつづいています。ロナウドのレアル・マドリードと、メッシのＦＣ《エフシー》バルセロナは、スペインでは『クラシコ』（伝統《でんとう》の一戦《いっせん》）と呼《よ》ばれるほど、はげしいライバル同士《どうし》。そんな２人《ふたり》がいっしょにプレーすることは、ありえないのかもしれませんが、「空想《くうそう》」ならなんでもありです。

「もしいっしょのチームになったら、夢《ゆめ》みたいだなあ……。ねぇ、所長《しょちょう》？　想像《そうぞう》するだけで、わくわくしますよね？」

「そうか？　タローくんとちがってワシには悪夢《あくむ》に思《おも》えるがな。いかにも弱《よわ》そうじゃわい」

「えっ！　なぜですか？」

サッカー選手《せんしゅ》は１試合《しあい》で10〜11キロメートル走《はし》ります。日本代表《にほんだいひょう》の長友佑都《ながともゆうと》など、12キロ以上走《いじょうはし》る選手《せんしゅ》もめずらしくありません。

でも、メッシは1試合《しあい》でたった7キロしか走《はし》りません。長友《ながとも》の半分《はんぶん》ちょっとです。ロナウドは9キロ走《はし》りますが、やはり少《すく》ないほうです。

「2人《ふたり》とも、守備《しゅび》をサボるからな。味方《みかた》がボールをうばってパスをだしてくれるまで、ずっと歩《ある》いておる。だが、かならずしもわるいことではないぞ。体力《たいりょく》がじゅうぶんにのこっておれば、やつらはスーパープレーでゴールをきめてくれるからな」

「なるほど。あえて休《やす》んでいるわけですね」

「そのとおり。しかし、そんな選手《せんしゅ》がチームに2人《ふたり》もいたら、どう思《おも》う？」

「味方《みかた》はたいへんですね。2人分《ふたりぶん》もカバーしなきゃいけません」

「たいへんですめばいいがな……」

パスまわしのうまいチームなら、2人分《ふたりぶん》の穴《あな》をうまくついて攻撃《こうげき》をしかけてきます。近《ちか》ごろはディフェンダーも、技術《ぎじゅつ》とパスまわしがもとめられる時代《じだい》なので、そんなことはお手《て》のものです。左《ひだり》サイド、右《みぎ》サイド、あっちこっちとふりまわされ……。

「守備《しゅび》が2人《ふたり》も少《すく》なかったら、しんどいわい。弱《よわ》いチームが相手《あいて》ならいいが、強《つよ》いチーム

相手《あいて》にクリ&《アンド》メッシでは守《まも》りきれんと思《おも》わんか？」

「たしかに……」

「ベストイレブンと、ベストチームはちがう。いい選手《せんしゅ》を11人《にん》集《あつ》めても、いいチームになるとはかぎらない。王様《おうさま》がチームに2人《ふたり》もいると、カバーしきれん。あせをかく選手《せんしゅ》とのバランスが大事《だいじ》じゃ」

「なるほど……よくわかりました。ボクも所長《しょちょう》が2人《ふたり》いたら、カバーしきれないですし。さあ、今日《きょう》こそは掃除当番《そうじとうばん》ちゃんとやってください……って、もういない！」

もしも、ワールドカップに外国人枠《がいこくじんわく》が3つあったら?
ズバリ!
日本代表《にほんだいひょう》の弱点《じゃくてん》を補強《ほきょう》!
所長《しょちょう》のオススメはGK《ゴールキーパー》…!?

■もしも、ワールドカップに外国人枠《がいこくじんわく》が3つあったら？

「サッカー日本代表《にほんだいひょう》に選《えら》ばれるためには、大切《たいせつ》な条件《じょうけん》がある。それはなにかわかるか？」

「え？　なんでしょう……。ハートが強《つよ》いとか、プレッシャーに負《ま》けないとか……」

「いや、『日本人《にほんじん》であること』じゃ」

「そんなのあたりまえでしょうが!!」

「いや、そうともいえんぞ。ラグビー日本代表《にほんだいひょう》の場合《ばあい》、3年以上《ねんいじょう》つづけて日本《にほん》に住《す》んでいる人《ひと》なら、外国人《がいこくじん》でも日本代表《にほんだいひょう》になれる。そういうルールじゃ」

「あ、そうか……。そういえばラグビーの日本代表《にほんだいひょう》には外国人選手《がいこくじんせんしゅ》もいましたね」

「そんなわけだから、サッカーに外国人枠《がいこくじんわく》ができることもぜったいにないとはいえんぞ」

もしも日本代表《にほんだいひょう》に外国人枠《がいこくじんわく》があり、ラグビーのようにワールドカップをいっしょに戦《たたか》えることになったら、どんな選手《せんしゅ》を加《くわ》えたいですか？

「ワシならGK《ゴールキーパー》じゃな！」

日本人《にほんじん》の男性《だんせい》の平均身長《へいきんしんちょう》は171センチメートル。ドイツやオランダ、北欧《ほくおう》の国々《くにぐに》にくらべると、約《やく》10センチ低《ひく》くなっています。筋肉量《きんにくりょう》も少《すく》なく、細身《ほそみ》の人《ひと》が多《おお》いため、日本代《にほんだい》表《ひょう》は身長《しんちょう》の高《たか》さやパワーが重要《じゅうよう》になるポジションで、選手《せんしゅ》が不足《ふそく》することが多《おお》いです。

「ドイツなんか、マヌエル・ノイアー以外《いがい》にもすごいＧＫ《ゴールキーパー》が山《やま》ほどいるから、ドイツ代《だい》表《ひょう》にはいれなかったＧＫ《ゴールキーパー》を日本代表《にほんだいひょう》に加《くわ》えたらどうじゃ!?」

外国人枠《がいこくじんわく》があれば、ＧＫ《ゴールキーパー》やセンターバックをピンポイントで補強《ほきょう》できそうですね。

「所長《しょちょう》！　ボクはスター選手《せんしゅ》がほしいです。レアル・マドリードのガレス・ベイルはどうですか？　ウェールズ代表《だいひょう》がワールドカップ出場《しゅつじょう》をのがしたら、日本代表《にほんだいひょう》に呼《よ》びましょう！　あんなスピードのある選手《せんしゅ》、日本《にほん》にはいませんよ」

速《はや》い選手《せんしゅ》、高《たか》い選手《せんしゅ》、すばしっこい選手《せんしゅ》。いろいろなタイプの選手《せんしゅ》をまぜると、戦術《せんじゅつ》がはばひろくなります。まちがいなく、外国人枠《がいこくじんわく》があればチームは強《つよ》くなるでしょう。なぜなら、すでに世界《せかい》でも証明《しょうめい》されているからです。

「２０１４年《ねん》ワールドカップで優勝《ゆうしょう》した、ドイツ代表《だいひょう》を見《み》てみろ。司令塔《しれいとう》のメスト・エジルはトルコ系移民《けいいみん》の３世《せい》じゃ。外国《がいこく》にルーツがある」

「所長《しょちょう》、移民《いみん》３世《せい》ってなんですか？」

「１世《せい》、２世《せい》、３世《せい》。つまり、エジルのおじいちゃんがドイツに引《ひ》っ越《こ》してきて、エジルはその孫《まご》としてドイツで生《う》まれ、ドイツ人《じん》になったということじゃ。ふつうのドイツ人《じん》は走力《そうりょく》やパワーはすごいが、エジルのようにこまかいテクニックや遊《あそ》び心《ごころ》のあるパスは苦手《にがて》としておる。トルコの血《ち》をひくエジルが、その技術《ぎじゅつ》で、ドイツ代表《だいひょう》のはばをひろげたわけじゃ」

ドイツ代表《だいひょう》だけではありません。フランス代表《だいひょう》も、アフリカから移民《いみん》してきた人《ひと》たちの息子《むすこ》や孫《まご》がフランス人《じん》になり、たくさん代表《だいひょう》チームにはいっています。

史上最高《しじょうさいこう》の移籍金《いせききん》でマンチェスター・ユナイテッドに加入《かにゅう》したポール・ポグバも、両親《りょうしん》はアフリカのギニア出身《しゅっしん》です。アフリカ系《けい》の選手《せんしゅ》はしなやかでダッシュ力《りょく》がすごいので、フランス代表《だいひょう》をさらに強《つよ》くしました。

いろいろな個性《こせい》のある選手《せんしゅ》が、おたがいを信《しん》じてプレーすると、サッカーは強《つよ》くなります。欧米《おうべい》を中心《ちゅうしん》に、そういう国《くに》は増《ふ》えてきましたね。

「ええ！　ドイツやフランスは外国出身《がいこくしゅっしん》の選手《せんしゅ》がはいっているんですか！　ずるい！　日《に》本《ほん》もすぐにやりましょう！」

「あわてるな。彼《かれ》らは外国人《がいこくじん》ではないぞ。れっきとしたドイツ人《じん》やフランス人《じん》じゃ。つまりな……」

ドイツやフランスはずっと他国《たこく》の移民《いみん》を受《う》けいれてきたので、実際《じっさい》に街《まち》を歩《ある》くと、そういう人《ひと》たちがたくさんいます。民族《みんぞく》がまざりあっているのが、いまのドイツやフランスの姿《すがた》なので、外国人枠《がいこくじんわく》がなくても、自然《しぜん》と代表《だいひょう》チームも多民族《たみんぞく》に変《か》わってきた、というわけです。その結果《けっか》、サッカーがより強《つよ》くなったんですね。

「なるほど……。でも、日本《にほん》も少《すこ》しずつ変《か》わってきましたよね？　酒井高徳《さかいごうとく》はお父《とう》さんが日本人《にほんじん》だけど、お母《かあ》さんがドイツ人《じん》でハーフだし」

「そのとおり。今後《こんご》はますますそういう選手《せんしゅ》が増《ふ》えるじゃろうな」

「だったら所長《しょちょう》。外国人枠《がいこくじんわく》なんて、必要《ひつよう》ないんじゃないですか？」

「むむっ！　たしかに……」

「それに、よい選手《せんしゅ》が育《そだ》ちにくいのなら、そこを工夫《くふう》して育《そだ》てるのも、おもしろいじゃないですか」

「むむむっ！　タローくん、いうのう。さては所長《しょちょう》の座《ざ》を……」

「ねらってません！」

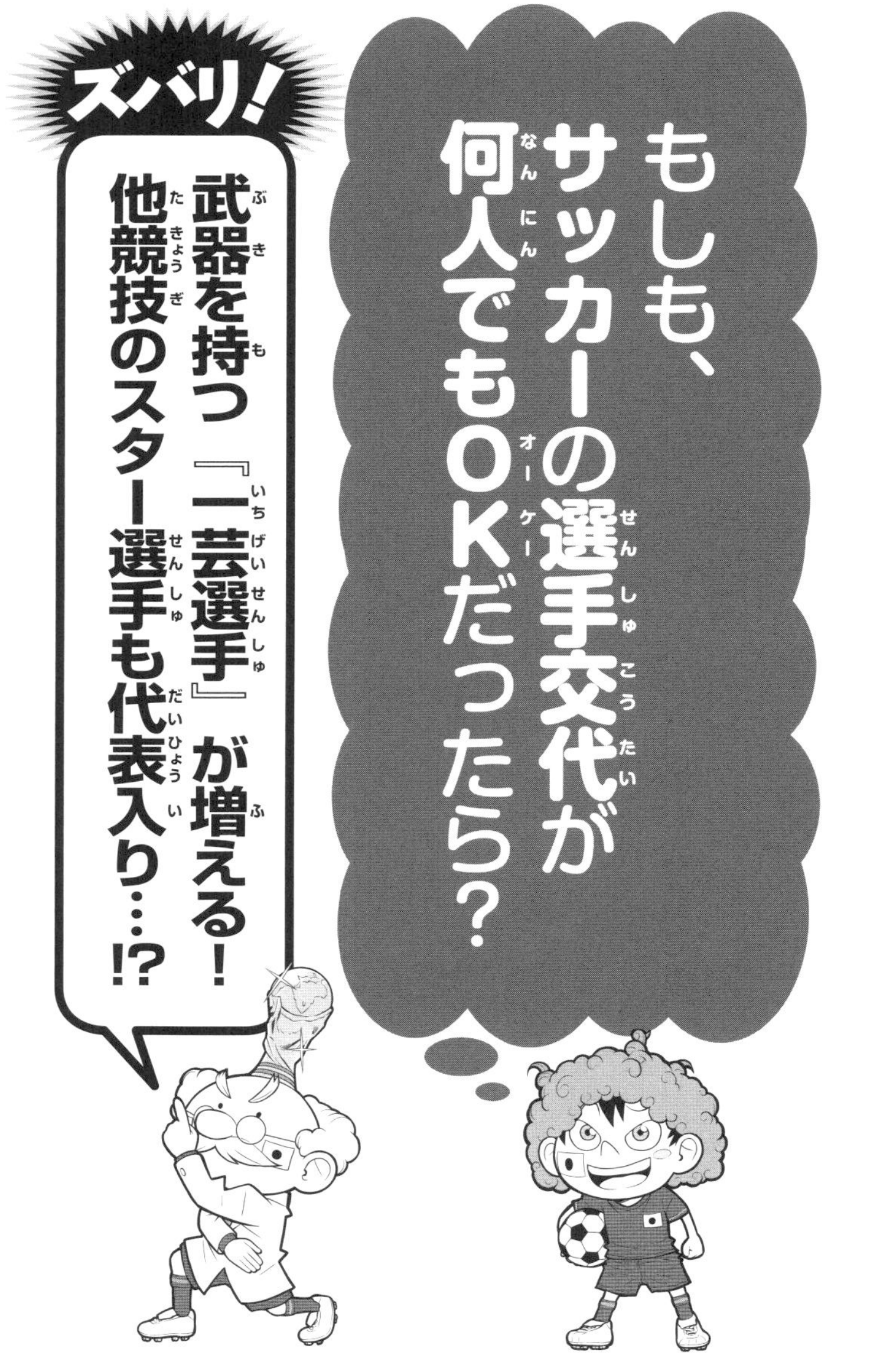
もしも、サッカーの選手《せんしゅ》交代《こうたい》が何人《なんにん》でもOK《オーケー》だったら？
ズバリ！
武器《ぶき》を持《も》つ『一芸選手《いちげいせんしゅ》』が増《ふ》える！
他競技《たきょうぎ》のスター選手《せんしゅ》も代表入《だいひょうい》り…!?

■もしも、サッカーの選手交代《せんしゅこうたい》が何人《なんにん》でもOK《オーケー》だったら？

「所長《しょちょう》。サッカーの選手交代《せんしゅこうたい》は1試合《しあい》に3人《にん》までですよね？」

「うむ。親善試合《しんぜんじあい》は6人《にん》までOK《オーケー》だったりするが、まあ、基本的《きほんてき》には3人《にん》と思《おも》っていい」

「たとえば、フットサルやバスケットボールのように、サッカーが何人《なんにん》でも交代《こうたい》できて、一度交代《どこうたい》した選手《せんしゅ》ももどってこられるルールに変《か》わったら、どうなるんでしょう？」

「ほほう……。それはおもしろい質問《しつもん》じゃな」

うたって、おどって、笑《わら》いもとれるアイドルがテレビでかつやくするように、サッカーも、うまくて、速《はや》くて、高《たか》くて、総合力《そうごうりょく》のある選手《せんしゅ》がたくさんワールドクラスでかつやくしています。

とくにディフェンダーは、なんでもできるバランスが大事《だいじ》です。相手《あいて》にスピードでしかけられても、高《たか》さでしかけられても、こまかいドリブルでしかけられても、全部《ぜんぶ》に対応《たいおう》しなければいけないのですから。

でも、選手交代《せんしゅこうたい》が自由《じゆう》なら、ちょっと話《はなし》が変《か》わってきます。

「何人《なんにん》でも交代《こうたい》できるのなら、能力《のうりょく》のバランスなど関係《かんけい》ない。たとえば、コーナーキックの守備《しゅび》になったら空中戦《くうちゅうせん》の強《つよ》い選手《せんしゅ》にかえて、コーナーが終《お》わったら、小《ちい》さくてうまい選《せん》手《しゅ》にもどせばいいじゃろ」

「なるほど！　それなら得意《とくい》な力《ちから》だけをいかせますね！」

選手交代《せんしゅこうたい》が自由《じゆう》になったら、速《はや》いだけ、うまいだけ、高《たか》いだけの『一芸選手《いちげいせんしゅ》』にチャンスがひろがりそうです。

「たとえば日本代表《にほんだいひょう》でも、中村俊輔《なかむらしゅんすけ》をフリーキックのたびに投入《とうにゅう》したら、どうじゃ？　足《あし》は速《はや》くないし、身体《からだ》も強《つよ》くないが、ヤツのキックは世界最高《せかいさいこう》レベルだからな」

「それ、見《み》たい！　おもしろそう」

「けるだけで、走《はし》らなくてもいいから、50歳《さい》でゴールをきめた三浦知良《みうらかずよし》（カズ）よりも長《なが》く現役《げんえき》でプレーできるぞ」

「だったら、所長《しょちょう》！　スローインのたびに大谷翔平《おおたにしょうへい》をつれてきてロングスローを投《な》げさせたり、セットプレーのたびにプロレスラーをゴール前《まえ》にいれたらどうですか？　終《お》わったら、すぐにサッカー選手《せんしゅ》にもどします」

「それはいい！　日本代表《にほんだいひょう》がワールドカップで優勝《ゆうしょう》するかもしれんぞ！　タローくん、や

るではないか。さては所長《しょちょう》の座《ざ》を……」
「だから、ねらってません！」
ただし、本当《ほんとう》にそんなルールになったら、90分間《ぷんかん》でほとんど交代《こうたい》ばかりしているので、サッカーがつまらなくなりそうです。でも、いろいろな戦術《せんじゅつ》を考《かんが》えるのは楽《たの》しいですね。

もしも、ワールドカップが毎年《まいとし》開催《かいさい》されたら？
ズバリ！
ダメじゃ！　ダメダメ！　4年《ねん》に1回《かい》だからいいんでしょ…!?

■もしも、ワールドカップが毎年開催《まいとしかいさい》されたら?

「所長《しょちょう》！　サッカーのワールドカップってめちゃくちゃもりあがりますよね？　4年《ねん》に1回《かい》じゃなくて、毎年《まいとし》やればいいんじゃないですか？」

「ダメじゃ！　ダメダメ！」

「なぜです？」

「ワシは予選《よせん》が好《す》きじゃ。本大会《ほんたいかい》はお祭《まつ》りムードだが、予選《よせん》は本大会《ほんたいかい》に出場《しゅつじょう》できるかどうかの緊張感《きんちょうかん》がたまらん。毎年《まいとし》ワールドカップがあったら、ゆっくり予選《よせん》をやるヒマがない」

「たしかに最終予選《さいしゅうよせん》の緊張感《きんちょうかん》はすごいですよね」

「それに……」

サッカーは世界中《せかいじゅう》に何十億人《なんじゅうおくにん》もファンがいます。ワールドカップの年《とし》には、仕事《しごと》をやめたり、家《いえ》や車《くるま》を売《う》ったりしてまで、その国《くに》をおとずれるファンがたくさんいます。だけど、毎年《まいとし》ワールドカップがあったら、ありがたみがないですね。大会《たいかい》が増《ふ》えても、情熱《じょうねつ》が減《へ》ったら、意味《いみ》ないでしょ。ハイ、この話《はなし》はおしまい。

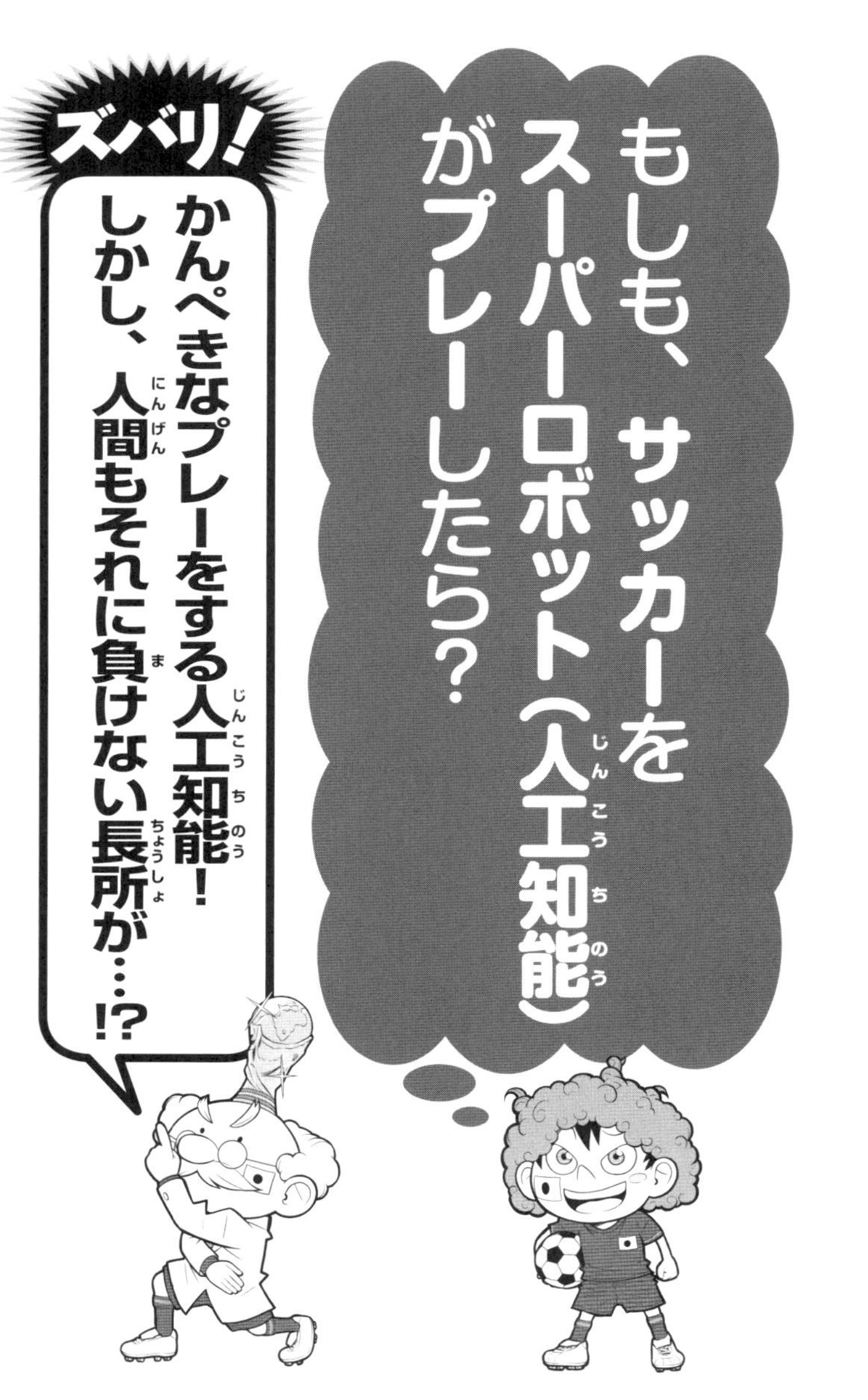
もしも、サッカーをスーパーロボット（人工知能《じんこうちのう》）がプレーしたら？
ズバリ!
かんぺきなプレーをする人工知能《じんこうちのう》！しかし、人間《にんげん》もそれに負《ま》けない長所《ちょうしょ》が…!?

■もしも、サッカーをスーパーロボット（人工知能《じんこうちのう》）がプレーしたら？

近年《きんねん》、将棋《しょうぎ》や囲碁《いご》の世界《せかい》では、人工知能《じんこうちのう》をそなえたコンピュータがプロ棋士《きし》に勝利《しょうり》することがたくさんおきています。人工知能《じんこうちのう》の進化《しんか》はすさまじいものです。

そんな人工知能《じんこうちのう》のスーパーロボットが、サッカーをプレーしたらどうなるでしょうか？　足《あし》の速《はや》さなど運動能力《うんどうのうりょく》を人間《にんげん》と同《おな》じにしたら、どんな試合《しあい》になるのでしょうか？

最近《さいきん》の欧州《おうしゅう》クラブでは、プレーをこまかく分析《ぶんせき》するために、練習中《れんしゅうちゅう》に選手《せんしゅ》のウェアにG《ジー》P《ピー》S《エス》をつけ、ポジション、走《はし》るスピード、身体《からだ》のむき、ジャンプした高《たか》さなどをすべて計《けい》測《そく》し、データ化《か》しています。そのデータをつかえば、人工知能《じんこうちのう》のサッカー選手《せんしゅ》は意外《いがい》とかんたんにつくれるかもしれません。

「いやはや。すごい時代《じだい》ですね。やっぱり人工知能《じんこうちのう》はサッカーも強《つよ》いんでしょうか？」

「そうじゃのう。タローくんはサッカーでゴールがきまる要因《よういん》として、いちばん多《おお》いのはなんだと思《おも》う？」

「ゴールの要因《よういん》ですか？　うーん、シュートの威力《いりょく》がすごいとか、ドリブルがすごく速《はや》いとか、ワンタッチのパスワークがきまるとか？」

「タローくんがいっておるのは、スーパーゴールばかりじゃな。サッカーでそんなゴールがきまるのは、じつはそれほど多《おお》くはない。いちばん多《おお》いのはな……相手《あいて》のミスじゃ」

「え、ミス!?」

相手《あいて》のミスをついて、すばやくシュートする。相手《あいて》のマークミスでフリーになり、すばやくシュートする。あるいはGK《ゴールキーパー》がはじいたボールをおしこむ。サッカーはそんなミスがらみのゴールがほとんどです。

1980年代《ねんだい》にフランス代表《だいひょう》でかつやくし、『将軍《しょうぐん》』と呼《よ》ばれたミッシェル・プラティニは、「サッカーはミスのスポーツ。選手《せんしゅ》がかんぺきなプレーをしたら、スコアは永遠《えいえん》に0-0のままだ」といいました。

バスケットボールなどにくらべると、サッカーで1点《てん》をきめるのはたいへんな仕事《しごと》です。ミスをしない人工知能《じんこうちのう》にかんぺきな守備《しゅび》をされたら、ゴールをきめるのはむずかしいでしょう。パスしても、ドリブルしても、かならずカバーされてしまいます。

しかも、人工知能《じんこうちのう》のほうは人間《にんげん》のミスをつき、ゴールをきめてきます。人間《にんげん》はつかれると集中力《しゅうちゅうりょく》が落《お》ちるので、かなり苦《くる》しい対戦《たいせん》になります。

もしも人工知能《じんこうちのう》と人工知能《じんこうちのう》が対戦《たいせん》したら、プラティニがいうように、すべての試合《しあい》が0-0になるかもしれませんね。

「やっぱり人工知能《じんこうちのう》は最強《さいきょう》じゃないですか。なんか、人《ひと》として悲《かな》しいなあ……」

「まあ、そうあきらめるのははやいぞ。たしかに、ミスをせず、かんぺきなプレーをできるのはコンピュータの長所《ちょうしょ》じゃ。しかし、人間《にんげん》にはほかの長所《ちょうしょ》がある」

「ほかの長所《ちょうしょ》？」

人工知能《じんこうちのう》はいつも論理的《ろんりてき》に正《ただ》しく、じょうきょうがお得《とく》になるプレーを選択《せんたく》します。しかし、人間《にんげん》はそうとはかぎりません。ときには論理的《ろんりてき》に説明《せつめい》できないことをやろうとします。

たとえば、1990年代《ねんだい》にかつやくした元《もと》イタリア代表《だいひょう》に、ロベルト・バッジョという選手《せんしゅ》がいました。『ファンタジスタ』と呼《よ》ばれたバッジョは、とっさのひらめきでプレーするのが得意《とくい》で、いつも人々《ひとびと》をおどろかせてきました。

バッジョは「思《おも》いついたプレーのなかで、いちばんむずかしいものを選択《せんたく》するようにしている」「3点《てん》の地味《じみ》なゴールよりも、華麗《かれい》な1点《てん》をとるほうがよい。それがファンタジスタだ」といっています。

バッジョにとって、ゴール以上《いじょう》に大切《たいせつ》なものが、サッカーにあるのです。それは夢《ゆめ》のあるプレーであったり、人々《ひとびと》を楽《たの》しませることだったり……。

人工知能《じんこうちのう》には、そういう選手《せんしゅ》のプレーを予測《よそく》することができません。なんで、わざわざヒールキックするの!?　ふつうにけったほうがいいのに！　なんで、わざわざ見《み》てないところに感覚《かんかく》でパスをだすの？　ちゃんと見《み》て確実《かくじつ》にスルーパスをだしたほうがいいのに！

理解不能《りかいふのう》です。そんな理屈《りくつ》で説明《せつめい》できない、意外《いがい》なプレーに対応《たいおう》することは、機械《きかい》にとってはいちばん苦手《にがて》なことです。セオリーどおりに守《まも》っているのに、いちいちその予測《よそく》を裏切《うらぎ》られることになります。人工知能《じんこうちのう》はパニックにおちいるかもしれません。

「ファンタジスタVS人工知能《じんこうちのう》。どうじゃ？　おもしろそうな対戦《たいせん》だろう？」

「よーし、所長《しょちょう》！　ボクもその日《ひ》にそなえて毎日《まいにち》ヒールキックを千回《せんかい》やります！」

「……なんか、ちょっとちがう気《き》がするが、まあええわい」

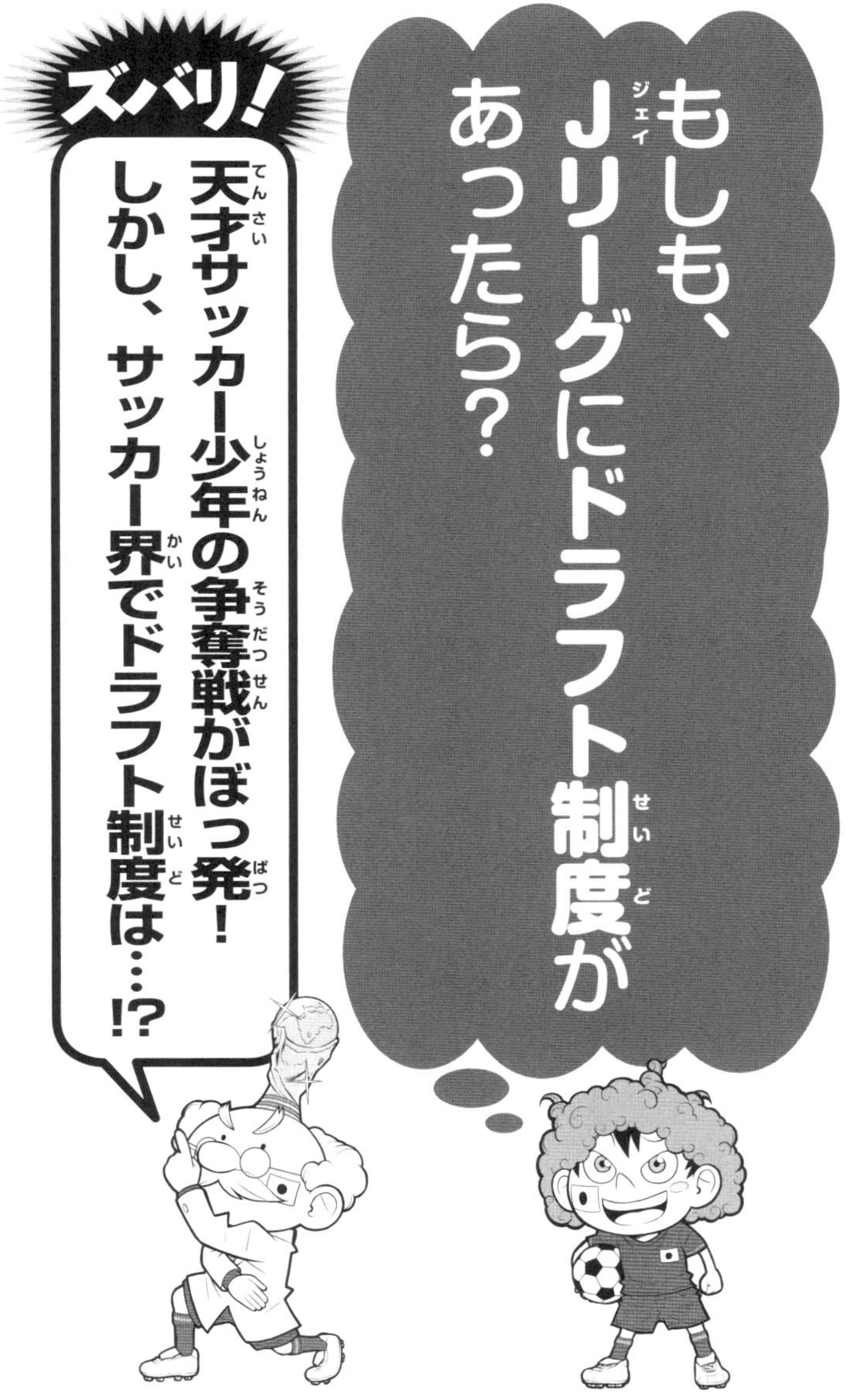
もしも、J《ジェイ》リーグにドラフト制度《せいど》があったら？
ズバリ！
天才《てんさい》サッカー少年《しょうねん》の争奪戦《そうだつせん》がぼっ発《ぱつ》！
しかし、サッカー界《かい》でドラフト制度《せいど》は…!?

■もしも、J《ジェイ》リーグにドラフト制度《せいど》があったら?

「ほほう。U《ユー》-20日本代表《にほんだいひょう》のあいつが、浦和《うらわ》レッズに加入《かにゅう》とな……」

「ほんと若手《わかて》の有望選手《ゆうぼうせんしゅ》はだいたい大《おお》きなクラブにいっちゃうんだから! FC《エフシー》岐阜《ぎふ》にも入団《にゅうだん》してくれればいいのに!」

「タローくんは岐阜出身《ぎふしゅっしん》だったのか!」

「所長《しょちょう》! サッカーにはどうしてプロ野球《やきゅう》みたいにドラフト制度《せいど》がないんですか?」

「なるほど。ドラフトか……」

ドラフトとは、高校《こうこう》や大学《だいがく》を卒業《そつぎょう》してプロになる選手《せんしゅ》を、クラブ側《がわ》が指名《しめい》して獲得《かくとく》する制度《せいど》です。指名《しめい》がかさなったときはクジ引《び》きできめたり、あるいは順位《じゅんい》が下《した》のクラブからさきに指名《しめい》できるルールがあるので、最下位《さいかい》のチームでもよい選手《せんしゅ》をとって、戦力《せんりょく》を高《たか》めるチャンスがあります。J《ジェイ》リーグにドラフトはありませんが、プロ野球《やきゅう》や、アメリカのM《エム》LS《エルエス》(メジャーリーグサッカー)では、ドラフトが導入《どうにゅう》されています。

「もしもドラフトがあったら、FC《エフシー》バルセロナの下部組織《かぶそしき》にいた久保建英《くぼたけふさ》なんて、みんなが指名《しめい》しますよね? よーし、ボクもいまからクジ引《び》きの練習《れんしゅう》をしておかないと!」

「……別《べつ》にタローくんがひくわけではなかろう。それとな、久保《くぼ》はFC《エフシー》バルセロナから帰《かえ》ってきたとき、FC東京《エフシーとうきょう》ユースにはいった選手《せんしゅ》じゃ。ドラフトでも指名《しめい》はできんよ。FC《エフシー》東京《とうきょう》がプロ契約《けいやく》しなかったら、チャンスはあるが、そんなことありえんじゃろ」

「ええ――！　聞《き》いてない！」

さすがにほかのクラブが育《そだ》てた選手《せんしゅ》を、横取《よこど》り指名《しめい》することはできません。プロ野球《やきゅう》にドラフト制度《せいど》があるのは、ほとんどの選手《せんしゅ》が学校《がっこう》の部活動《ぶかつどう》で育《そだ》つからです。学校《がっこう》を『卒《そつ》業《ぎょう》』し、所属《しょぞく》がなくなる選手《せんしゅ》に対《たい》して、ドラフトがおこなわれるわけですね。

ちなみに、欧州《おうしゅう》サッカーもドラフトはありません。なぜなら、欧州《おうしゅう》は学校《がっこう》でスポーツをするのではなく、地域《ちいき》クラブでスポーツを楽《たの》しむのが一般的《いっぱんてき》だからです。地域《ちいき》クラブに『卒業《そつぎょう》』はありませんよね。学校《がっこう》に関係《かんけい》なく、子供《こども》から大人《おとな》まで、みんないっしょにスポーツのある暮《く》らしを楽《たの》しみつづけます。

J《ジェイ》リーグも欧州《おうしゅう》をお手本《てほん》につくられたので、すべてのクラブがユースチームを持《も》っていて、若《わか》くて優秀《ゆうしゅう》な選手《せんしゅ》が所属《しょぞく》しています。そういう選手《せんしゅ》はドラフトでは指名《しめい》できません。

「ちぇっ！　ボクなら久保《くぼ》、ひけたのに！」

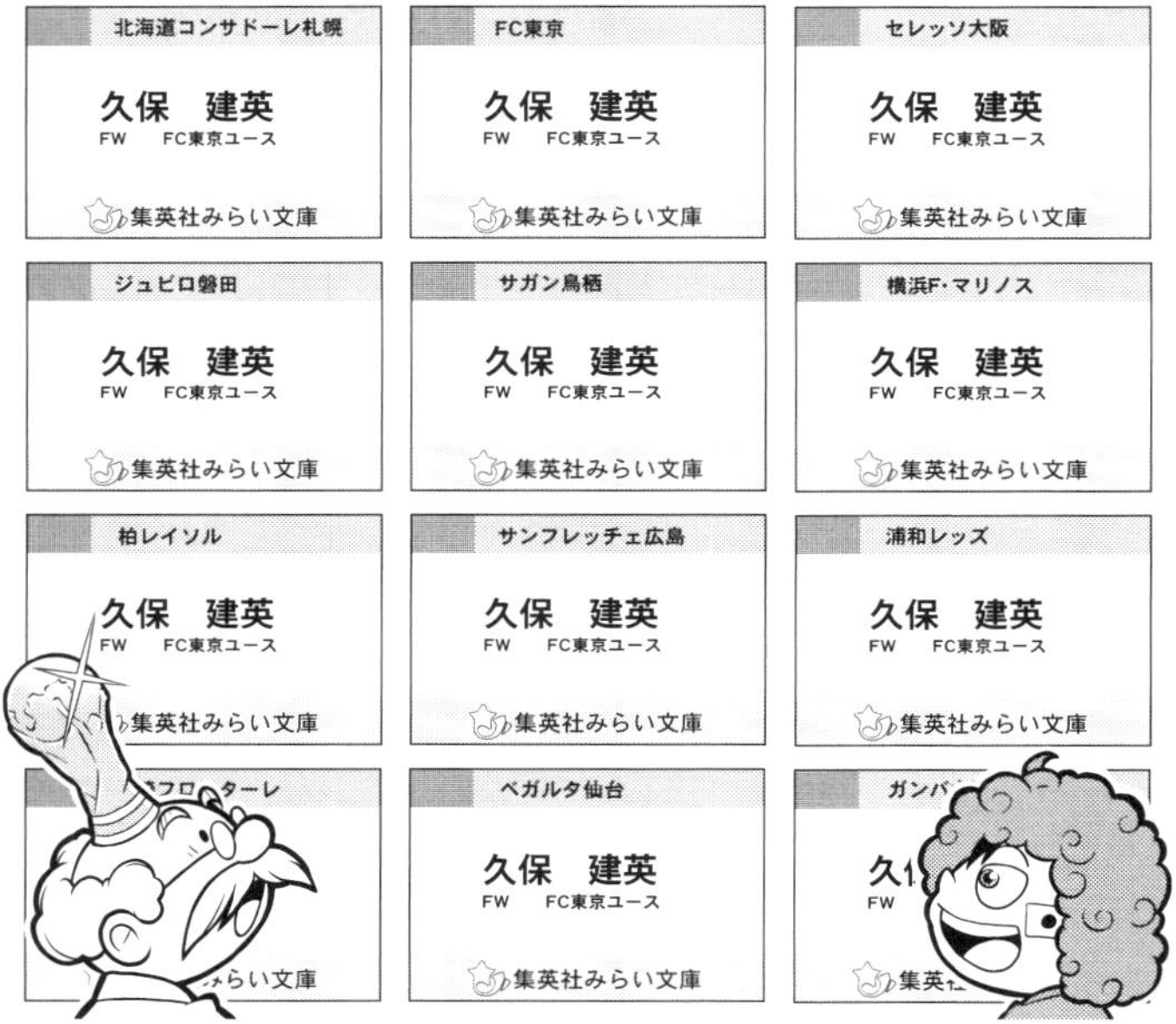

「（だからタローくんがひくわけではないのに……）そんなわけだから、サッカーにドラフトがあっても、久保《くぼ》級《きゅう》の選手《せんしゅ》は指名《しめい》できないし、野球《やきゅう》ほどの戦力《せんりょく》アップはむずかしい。選手《せんしゅ》だって『このクラブなら成長《せいちょう》できる！』と思《おも》えるクラブを自由《じゆう》に選《えら》びたいじゃろ。それでええわい」

　ドラフトでかんたんに強《つよ》くなれるほど、サッカーはあまくありません。クラブを少《すこ》しずつ、少《すこ》しずつ大《おお》きくして……。なんたってＪ《ジェイ》リーグは百年構想《ひゃくねんこうそう》ですから。

もしも、天才《てんさい》リオネル・メッシが右《みぎ》ききだったら？
ズバリ！
サッカー界《かい》で左《ひだり》ききは宝《たから》！メッシも右《みぎ》ききだと平凡《へいぼん》な選手《せんしゅ》に…!?

■もしも、天才《てんさい》リオネル・メッシが右《みぎ》ききだったら？

史上最高《しじょうさいこう》のサッカー選手《せんしゅ》といわれるアルゼンチン代表《だいひょう》のリオネル・メッシ。世界最高峰《せかいさいこうほう》のヨーロッパチャンピオンズリーグで5度《ど》の得点王《とくてんおう》、ヨーロッパの年間最優秀選手《ねんかんさいゆうしゅうせんしゅ》をきめる賞《しょう》（バロンドール）を5度《ど》受賞《じゅしょう》と、かがやかしい成績《せいせき》をおさめています。

そんなメッシのとくちょうといえば、左足《ひだりあし》のボールテクニックから生《う》まれるドリブルと左足《ひだりあし》からはなたれる精密機械《せいみつきかい》のようなシュート。では、もし左《ひだり》ききではなく、右《みぎ》ききだったら、メッシはどんな選手《せんしゅ》だったのでしょうか。

「タローくんのことだから、メッシなら右《みぎ》ききでも最強《さいきょう》にちがいないと思《おも》うだろう？」

「はい……所長《しょちょう》」

「ゴールもアシストも朝《あさ》メッシ前《まえ》（朝飯前《あさめしまえ》）とか、そんなことをいいたいわけじゃろ？」

「……いえ、それは……」

「メッシがもし右《みぎ》ききなら、おそらくふつうの選手《せんしゅ》じゃろう」

「ふ、ふつうですか」

「メッシは左《ひだり》ききだからこそ、メッシ。右《みぎ》ききのメッシならふつうじゃ。たくさんいるプロサッカー選手《せんしゅ》のひとりで終《お》わったはず。その理由《りゆう》は……」

左《ひだり》ききは世界《せかい》の人口《じんこう》の約《やく》10パーセントといわれています。右《みぎ》ききにくらべると、かなり数《かず》が少《すく》ないですね。

サッカーで左《ひだり》ききは貴重《きちょう》です。左《ひだり》サイドから左足《ひだりあし》でクロスをあげたり、フリーキックをけったりと、左足《ひだりあし》でなければできないプレーがたくさんあります。でも、それができる選《せん》手《しゅ》は少《すく》ないので、サッカーは左《ひだり》ききというだけで選手《せんしゅ》としての価値《かち》があがります。

たとえば、FC《エフシー》バルセロナのサッカーを見《み》てみましょう。メッシは右《みぎ》サイド側《がわ》でプレーすることが多《おお》いですね。左《ひだり》ききのメッシは、右《みぎ》サイドから中央《ちゅうおう》へむかって、左足《ひだりあし》で切《き》りこむドリブルをよくやります。そのまま左足《ひだりあし》で強烈《きょうれつ》なシュートを打《う》てるので、相手《あいて》にとっては脅威《きょうい》です。

そして、反対側《はんたいがわ》の左《ひだり》サイドを見《み》ると、右《みぎ》ききのネイマールがいますね。彼《かれ》もメッシと同《おな》じようなドリブルを、反対側《はんたいがわ》からやります。こっちからメッシ、あっちからネイマール。すごいですね！　そんな戦術《せんじゅつ》ができるのも、メッシが左《ひだり》ききだからです。もし、ネイマールと同《おな》じ右《みぎ》ききだったら、メッシとネイマールはポジションがかさなってしまいます。

スーパードリブラーの2人《ふたり》がうまくかみあうのは、きき足《あし》がちがうから。左《ひだり》ききの選手《せんしゅ》がいると、チーム戦術《せんじゅつ》のはばがひろがります。だから、左《ひだり》ききは貴重《きちょう》なんですね。

「なるほど、所長《しょちょう》！　よくわかりました。左《ひだり》ききっておもしろいですね」

「タローくん。そう、あわてるでない。ワシの話《はなし》がおもしろくなるのはこれからじゃ」

「えー、もっとおもしろい話《はなし》があるんですか!?」

メッシのドリブルを、よく見《み》てください。なんか、へんでしょう？　ボールをキープするところがふつうじゃない。いつも左足《ひだりあし》の外側《そとがわ》にボールをおきますね。身体《からだ》のほとんど真横《まよこ》です。そんなところにボールをおいたら、ほとんど右足《みぎあし》がとどかない。でも、いいんです。左足一本《ひだりあしいっぽん》でなんでもやっちゃうから。右足《みぎあし》はつっかえ棒《ぼう》みたいなもの。

じつはこのドリブル、ディフェンダーにとっては、すごく守《まも》りづらいです。ボールを前《まえ》にさらしてくれず、よこにおいているので、身体《からだ》にじゃまされてタックルできない。無理《むり》にいくと、ファウルになってしまいます。

メッシだけではなく、日本《にほん》の中村俊輔《なかむらしゅんすけ》、オランダ代表《だいひょう》のアリエン・ロッベンなど左《ひだり》ききはクセのある選手《せんしゅ》が多《おお》いです。なぜ左《ひだり》ききの人《ひと》は少《すこ》し変《か》わったプレーをするのでしょう？

右《みぎ》ききの人《ひと》は左足《ひだりあし》もつかえるように練習《れんしゅう》しますが、左《ひだり》ききの人《ひと》は、右足《みぎあし》をあまり練習《れんしゅう》しません。左《ひだり》ききというだけで価値《かち》があるので、ひたすらきき足《あし》をみがくからです。だから自然《しぜん》と、右《みぎ》ききの人《ひと》とは、ちがうプレーをするようになります。

それに左《ひだり》ききの人《ひと》は、まわりにお手本《てほん》がいません。お兄《にい》ちゃんとか、コーチとか、マネをしようにも右《みぎ》ききばかり。みんなとはちがうことがあたりまえです。どうすればうまくなれるのか、自分《じぶん》で考《かんが》えてやるしかありません。

だから、左《ひだり》ききは変《か》わった選手《せんしゅ》が多《おお》くなります。メッシが右《みぎ》ききだったら、みんなと同《おな》じ選手《せんしゅ》になったかもしれません。それでは『天才《てんさい》』とはいえませんね。

「所長《しょちょう》、じつはボクも左《ひだり》ききなんです。でも、みんなと同《おな》じ右《みぎ》ききになったほうがいいかなと思《おも》っていました」

「バカモノ！　そんな必要《ひつよう》はない！　みんなとちがう左《ひだり》ききであることを『しめしめ』と思《おも》わなければ、すごい選手《せんしゅ》にはなれないぞ。人《ひと》とちがうことをおそれるな。みがけ！　そうすれば、昼《ひる》メッシ前《まえ》（昼飯前《ひるめしまえ》）にはなるじゃろう」

「所長《しょちょう》、さいごのたとえはよくわかりません……」

もしも、サッカーにオフサイドがなかったら？

ズバリ！

フォワードがゴール前《まえ》で待《ま》ちぶせする変《へん》なフォーメーションに…!?

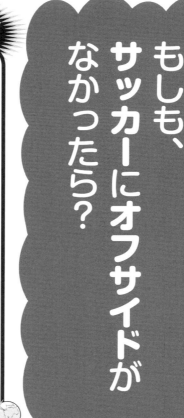

■もしも、サッカーにオフサイドがなかったら？

みなさんは、オフサイドというルールを知《し》っていますか？

味方《みかた》がパスをしたとき、敵陣《てきじん》のゴールラインから2人目《ふたりめ》の相手《あいて》（だいたいは最終《さいしゅう》ラインのディフェンダー）より、前《まえ》にでていた選手《せんしゅ》はオフサイドです。審判《しんぱん》が笛《ふえ》をふいて、相手《あいて》ボールになります（ただし、その選手《せんしゅ》がパスに反応《はんのう》せず、相手《あいて》のじゃまもしなかった場合《ばあい》は、前《まえ》にでていてもオフサイドにはなりません）。

つまり、オフサイドがあると、ずっと敵《てき》ゴール前《まえ》でボールを待《ま》ちぶせするようなプレーが、できなくなるわけですね。

「タローくんはかくれんぼをやったことがあるかい？」

「え？　いきなりなんですか！　かくれんぼくらい、子供《こども》のころにやりましたよ」

「外《そと》でやっているのに、自分《じぶん》の家《いえ》にかくれる友達《ともだち》はおらんかったか？」

「あ……あー。いましたね。みんなにひきょう者《もの》と文句《もんく》をいわれていました。でも、すぐに家《いえ》のなかは禁止《きんし》になりましたよ。つまらないからって」

「うむ。オフサイドもそれと同《おな》じことじゃ」

「……え？　どういうことですか？」

オフサイドはむずかしいルールと思《おも》われがちですが、考《かんが》えかたはかんたんです。「オフ」は電源《でんげん》のオン・オフの「オフ」。「サイド」はその場所《ばしょ》をしめします。つまり、オフサイドとは、その場所《ばしょ》でプレーするのは禁止《きんし》ですよ、という意味《いみ》です。

もし、オフサイドがなかったら、サッカーはどうなるのでしょうか？

コートのどこでもパスを受《う》けられるので、フォワードは敵陣《てきじん》ゴール前《まえ》でずっと待《ま》ちぶせするでしょう。逆《ぎゃく》にディフェンダーは、そのフォワードをマークしなければならず、自陣《じじん》ゴール前《まえ》にいます。つまり、あっちからこっちまで、ものすごくまのびしたフォーメーションになります。

「オフサイドがなければ、ピッチをすごくひろく感《かん》じるだろうな。ワシならフォワードにゴール前《まえ》で待《ま》ちぶせさせて、ロングボールをけりまくるわい。キック力《りょく》のある選手《せんしゅ》と、ヘディングの強《つよ》い選手《せんしゅ》がいれば最強《さいきょう》じゃ！」

「えー……。サッカーがすごく大《おお》ざっぱになりそうですね……」

「せまいスペースをこまかいドリブルやパスで突破《とっぱ》するなんてことは必要《ひつよう》なくなるわな。

つまり……」

「メッシのような小《ちい》さいテクニシャンはかつやくできないと？」

「そのとおりじゃ」

ふつうのサッカーは、両《りょう》チームがかたまったなかで、ボールをはげしくうばいあいます。なぜ、そういう試合《しあい》になるのかというと、オフサイドがあるからです。敵《てき》ゴール前《まえ》で待《ま》ちぶせするポジションどりができないので、目《め》の前《まえ》のディフェンダーと勝負《しょうぶ》して抜《ぬ》いたり、スルーパスをとおしたりして、『中盤《ちゅうばん》』を突破《とっぱ》しなければ相手《あいて》ゴールにはたどりつけません。

もし、かくれんぼで、サッカーが、サッカーらしい試合《しあい》になるのは、オフサイドがあるからなのです。

サッカーでゴール前《まえ》の待《ま》ちぶせをありにしたら、おもしろくないですよね。

だから、オフサイドルールで禁止《きんし》しているわけです。

「なるほど……。かくれんぼにも最初《さいしょ》からオフサイドがあれば、ひきょう者《もの》なんていわれなくてすんだのに」

「むっ。タローくん、さっきからどうもおかしいと思《おも》ったら。さては家《いえ》のなかにかくれる

もしもオフサイドがなければこんなフォーメーションに…!?

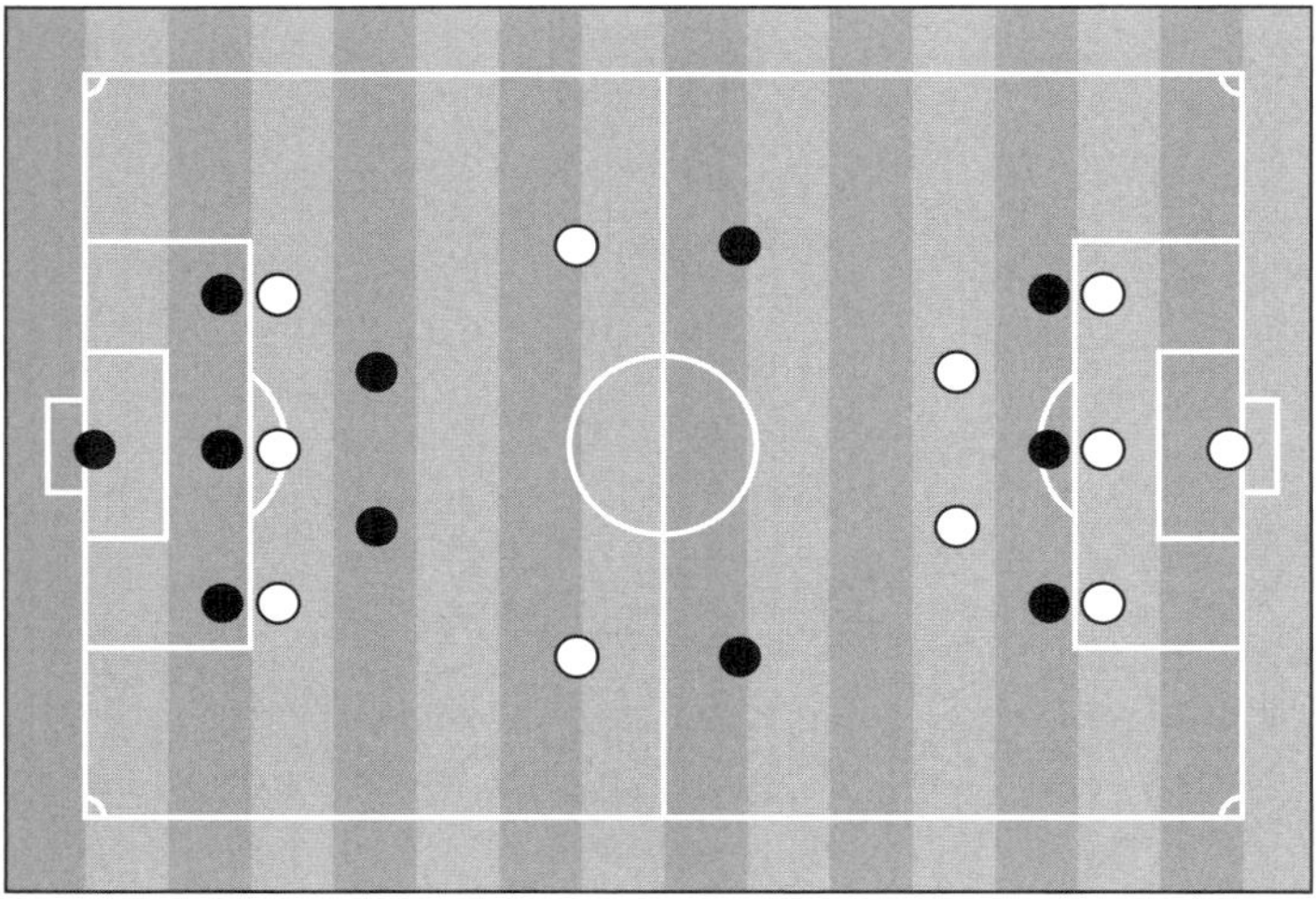

タイプだったか?」

「ぎくっ。さ、さあ! つぎのお話《はなし》にいきましょう!」

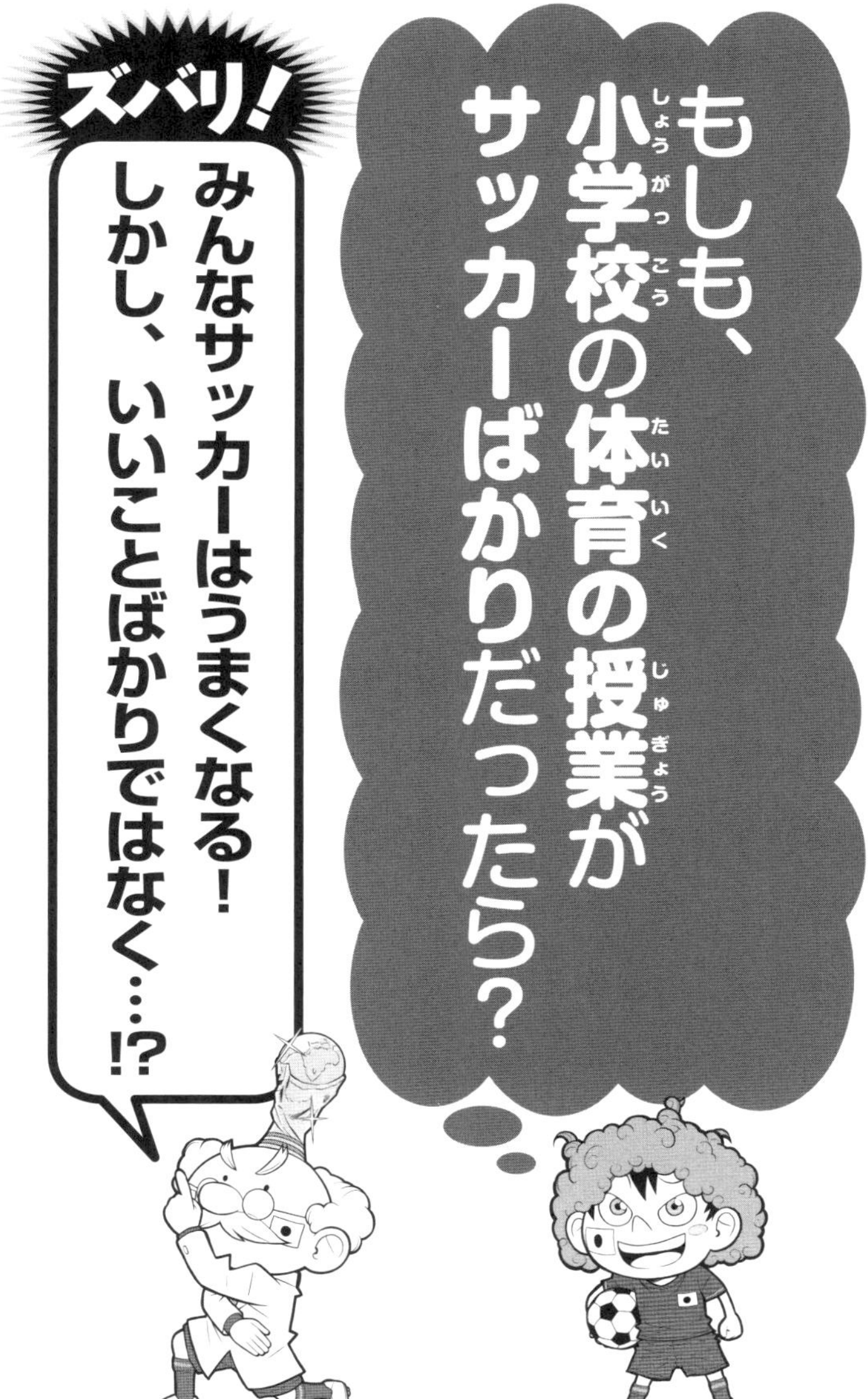
もしも、小学校《しょうがっこう》の体育《たいいく》の授業《じゅぎょう》がサッカーばかりだったら？
ズバリ！
みんなサッカーはうまくなる！
しかし、いいことばかりではなく…!?

■もしも、小学校《しょうがっこう》の体育《たいいく》の授業《じゅぎょう》がサッカーばかりだったら？

近年《きんねん》、中国《ちゅうごく》サッカーの『爆買《ばくが》い』がさかんになっています。

ブラジル代表《だいひょう》のオスカル、パウリーニョをはじめ、アルゼンチン代表《だいひょう》のカルロス・テベス、エセキエル・ラベッシなど、有名《ゆうめい》な選手《せんしゅ》が欧州《おうしゅう》クラブからどんどん中国《ちゅうごく》へ移籍《いせき》しました。電化製品《でんかせいひん》やドラッグストアの日用品《にちようひん》だけでなく、サッカー選手《せんしゅ》も爆買《ばくが》いされています。

アジアチャンピオンズリーグでも、中国《ちゅうごく》クラブはほかからおそれられる存在《そんざい》になりました。

「だけど、所長《しょちょう》。すごいのは外国人《がいこくじん》たちで、別《べつ》に中国代表《ちゅうごくだいひょう》が強《つよ》くなったわけじゃないと思《おも》うんですけど」

「そのとおり。しかし、あなどってはいかんぞ。中国《ちゅうごく》は選手《せんしゅ》を育《そだ》てようと本気《ほんき》になっておる。国中《くにじゅう》にグラウンドをつくり、サッカーができる環境《かんきょう》を整《ととの》えているし、地方《ちほう》の小学校《しょうがっこう》では体育《たいいく》の授業《じゅぎょう》をほぼすべてサッカーにした小学校《しょうがっこう》もある。ヤツらは本気《ほんき》じゃ」

「ええ！　体育《たいいく》が全部《ぜんぶ》サッカー!?　楽《たの》しそう……」

もしも、小学校《しょうがっこう》の体育《たいいく》の授業《じゅぎょう》がサッカーばかりになったら、どうなるのでしょうか？

練習時間《れんしゅうじかん》が増《ふ》えるので、まちがいなくサッカーはうまくなります。ただし、注意《ちゅうい》しなければならないのは、サッカーばかりになることの害《がい》です。

幼稚園《ようちえん》から小学生《しょうがくせい》の時期《じき》は、コーディネーション（目《め》からはいった情報《じょうほう》を処理《しょり》し、身体《からだ》を思《おも》いどおりに動《うご》かす能力《のうりょく》）が大《おお》きく発達《はったつ》する時期《じき》です。いろいろな動《うご》きをして、身体《からだ》に刺激《しげき》をあたえると、どんどん身《み》のこなしがよくなります。

小学生《しょうがくせい》の時期《じき》は、いろいろな『初《はじ》めて』を経験《けいけん》すると、コーディネーションに刺激《しげき》が加《くわ》わり、運動能力《うんどうのうりょく》があがります。でも、サッカーばかりをやっていると、なれた動《うご》きなので身体《からだ》に刺激《しげき》がありません。サッカーの指導《しどう》でも、小学生《しょうがくせい》の時期《じき》はいろいろなスポーツを経《けい》験《けん》したほうがいいといわれています。

「オランダのアヤックスは、サッカーの指導《しどう》に柔道《じゅうどう》をとりいれておるぞ。身体《からだ》をぶつけるのがうまくなるからな。長友佑都《ながともゆうと》はマラソンをやって持久力《じきゅうりょく》がついたし、内田篤人《うちだあつと》も陸上《りくじょう》をやってランニングフォームがよくなっておる」

「じゃあ、体育《たいいく》はやっぱりいろいろなスポーツをやったほうがいいんですね」

ほかのスポーツから学《まな》ぶことは大《おお》きいです。昔《むかし》の日本《にほん》のサッカー選手《せんしゅ》でいえば、みんな野球《やきゅう》を経験《けいけん》していたのが長所《ちょうしょ》でした。野球《やきゅう》では高《たか》く打《う》ちあげたフライの捕球《ほきゅう》を練習《れんしゅう》するの

で、サッカーになると、ロングボールやクロスの落下地点《らっかちてん》にはいるのが速《はや》くなります。

　イタリアなど、ボールの落下予《らっかよ》測《そく》が含《ふく》まれたスポーツを経験《けいけん》しづらい国《くに》では、ヘディングが下手《へた》な選手《せんしゅ》が多《おお》いため、中学《ちゅうがく》や高校《こうこう》くらいで特別《とくべつ》なヘディングトレーニングが必要《ひつよう》になるそうです。最近《さいきん》は日本《にほん》でも野球《やきゅう》をやらなくなったぶん、落下地点《らっかちてん》の予測《よそく》ができない子《こ》供《ども》が増《ふ》えてきたそうです。いろいろなスポーツをやるといいですよ。

第《だい》2章《しょう》 空想試合編《くうそうしあいへん》

ここではありえない試合《しあい》や大会《たいかい》を空想《くうそう》するぞ！　たとえば、富士山頂《ふじさんちょう》でワールドカップをやったら、どんな大会《たいかい》になる？　Ｊ《ジェイ》リーグの王者《おうじゃ》がチャンピオンズリーグに出場《しゅつじょう》したら、どうなる？　小学生《しょうがくせい》がワールドカップにでられるとしたら、なにがおこる？　１７０センチ11人《にん》と、１９０センチ11人《にん》が試合《しあい》をしたら、どっちが勝《か》つ？　空想《くうそう》しがいがあるのう。でも、ワシがいったとおりになるとはかぎらないぞ！　みんなもどんな試合《しあい》になるのか、空想《くうそう》しながら読《よ》んでくれ！

もしも、小学生《しょうがくせい》がワールドカップに出場《しゅつじょう》できるとしたら？
ズバリ！
現最年少出場記録《げんさいねんしょうしゅつじょうきろく》は17歳《さい》と41日《にち》！
さらに若《わか》い選手《せんしゅ》は登場《とうじょう》するか…!?

■もしも、小学生《しょうがくせい》がワールドカップに出場《しゅつじょう》できるとしたら？

「小学生《しょうがくせい》がワールドカップ？　そんなもん無理《むり》じゃ！」

「所長《しょちょう》らしくもない！　考《かんが》える前《まえ》から無理《むり》なんて！」

「これぱっかりは無理《むり》じゃ！　小学生《しょうがくせい》がワールドカップにでるなんて！」

現在《げんざい》のワールドカップの最年少出場記録《さいねんしょうしゅつじょうきろく》は、17歳《さい》と41日《にち》です。１９８２年《ねん》ワールドカップに北《きた》アイルランド代表《だいひょう》のノーマン・ホワイトサイドという選手《せんしゅ》が出場《しゅつじょう》しました。高校《こうこう》２年生《ねんせい》です。

それを考《かんが》えると、中学《ちゅうがく》３年生《ねんせい》のワールドカップ出場《しゅつじょう》くらいなら、まったくありえないとはいえません。しかし……。

「12歳《さい》はどう考《かんが》えてもきびしい！　ボールだって小学生《しょうがくせい》は４号球《ごうきゅう》をつかうから、大人《おとな》の５号球《ごうきゅう》になれておらんし……」

「でも、所長《しょちょう》。ワールドカップは２０２６年《ねん》から出場枠《しゅつじょうわく》が48チームに増《ふ》えて、いろいろな国《くに》がでるようになりますよ。弱小国《じゃくしょうこく》に『神童《しんどう》』があらわれたら、メンバーにはいるんじゃないですか？」

「うーむ……。そもそもタローくん、なぜそんなに小学生《しょうがくせい》のワールドカップ出場《しゅつじょう》にこだわるのかね？」

「えっ？　だって夢《ゆめ》があるじゃないですか。小学生《しょうがくせい》が出場《しゅつじょう》するなんて」

「夢《ゆめ》か……。それはどうかのう」

じつはワールドカップ最年少出場《さいねんしょうしゅつじょう》のホワイトサイドは、10代《だい》で大《おお》きくさわがれたあと、たびかさなるひざの負傷《ふしょう》と、私生活《しせいかつ》の乱《みだ》れにより、25歳《さい》の若《わか》さで現役《げんえき》を引退《いんたい》しています。

ホワイトサイドは188センチメートル80キログラムと身体《からだ》が大《おお》きく、技術《ぎじゅつ》もすばらしい天才《てんさい》でした。しかし、急激《きゅうげき》に大《おお》きくなった身体《からだ》をつかいこなすためには、ある程度《ていど》の時間《じかん》がかかります。初《はじ》めのころは、ひざ、もも、腰《こし》などに負担《ふたん》がかかるような走《はし》りかたになってしまい、身体《からだ》を正《ただ》しくつかえるフォームができていません。

そんな10代《だい》の選手《せんしゅ》に、大人《おとな》の選手《せんしゅ》が、はげしいタックルをあびせます。それがプロの世界《せかい》です。ホワイトサイドは、試合《しあい》で傷《きず》つけられたひざを10回以上《かいいじょう》も手術《しゅじゅつ》しました。しかし、ついに完治《かんち》することはありませんでした。

また、若《わか》くしてワールドカップに出場《しゅつじょう》し、すっかりスター選手《せんしゅ》に仲間入《なかまい》りしたホワイトサイド。名門《めいもん》マンチェスター・ユナイテッドに入団《にゅうだん》し、プロのはなやかな世界《せかい》に足《あし》をふみいれると、毎晩《まいばん》のようにお酒《さけ》を飲《の》み歩《ある》き、練習《れんしゅう》をサボり、生活《せいかつ》は乱《みだ》れて心《こころ》がすさんでいきました。そんな毎日《まいにち》なので、ひざもまったくよくならず、ついにチームから追《お》いだされてしまいます。そして、17歳《さい》でワールドカップに出場《しゅつじょう》した選手《せんしゅ》が、25歳《さい》で引退《いんたい》しました。

まさに早熟《そうじゅく》の天才《てんさい》。このひとりの選手《せんしゅ》のサッカー人生《じんせい》を、みなさんはどう思《おも》いますか？

「だから小学生《しょうがくせい》がワールドカップにでたとしても、ワシはよいことばかりではないと思《おも》う。むしろ、そのあとのサッカー人生《じんせい》が心配《しんぱい》じゃ」

「……所長《しょちょう》！　ボクがあさはかでした！　10代《だい》でさわがれるのって、こわいことなんですね」

「それにな、ワシは日本《にほん》で身体《からだ》が大《おお》きくて、足《あし》が速《はや》くて、ひとりだけ大人《おとな》みたいなスーパー小学生《しょうがくせい》をたくさん見《み》てきた。少年《しょうねん》サッカーのあいだは、すごく目立《めだ》っておるよ。でもな。その選手《せんしゅ》がプロでかつやくしたという話《はなし》を、ほとんど聞《き》かないのじゃ」

「そうなんですか……！」

成長《せいちょう》がはやくて小学生《しょうがくせい》のときにかつやくできても、だんだんとまわりも身体《からだ》が大《おお》きく

なって追《お》いついてきます。いままでは勝《か》つことがあたりまえだったのに、勝《か》てなくなって
しまう。そうするとサッカーを楽《たの》しめなくなり、挫折《ざせつ》して、やめてしまう子供《こども》がたくさん
いるのです。

「身体能力《しんたいのうりょく》ばかりにたよっていると、すぐにのびなやむ。すごいサッカー選手《せんしゅ》になるヤツは、キラリと光《ひか》る技術《ぎじゅつ》、まわりがおどろくようなアイデア、どんなときもあきらめない気《き》持《も》ちの強《つよ》さを持《も》っておる。それは大人《おとな》になっても変《か》わらない。あせらず、そのときにやるべきことを、自分《じぶん》のペースでやるのが大事《だいじ》ということじゃな」

「所長《しょちょう》、よくわかりました！」

「わかってくれたか」

「ボクもあせらず、今日《きょう》はテスト勉強《べんきょう》をサボることにしますね。いきなり点数《てんすう》がよくなると、危険《きけん》ですから！」

「お、おいっ！　それはちがうじゃろ！　テストの点数《てんすう》があがっても、ケガはしないぞ！

……うーむ。いってしまった。はて？　さわがれてもいないのに、タローくんの私生活《しせいかつ》は乱《みだ》れてしまったわい。ダメダコリャ」

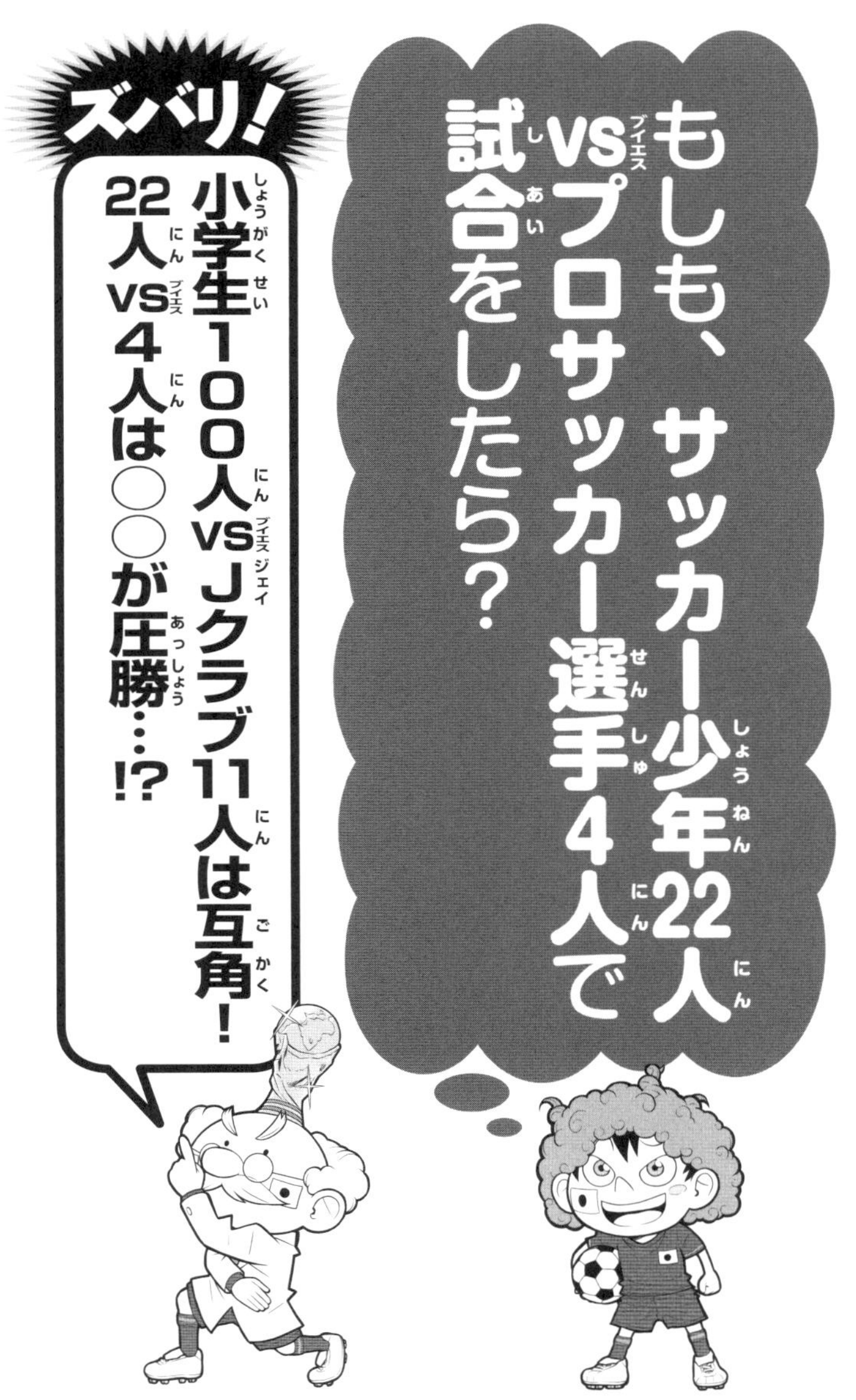
もしも、サッカー少年《しょうねん》22人《にん》VS《ブイエス》プロサッカー選手《せんしゅ》4人《にん》で試合《しあい》をしたら？
ズバリ!
小学生《しょうがくせい》100人《にん》VS《ブイエス》J《ジェイ》クラブ11人《にん》は互角《ごかく》!
22人《にん》VS《ブイエス》4人《にん》は○○が圧勝《あっしょう》…!?

■もしも、サッカー少年《しょうねん》22人《にん》vsプロサッカー選手《せんしゅ》4人《にん》で試合《しあい》をしたら？

「22人《にん》の少年《しょうねん》と、4人《にん》のプロ選手《せんしゅ》……？　どっちが勝《か》つんでしょう？　所長《しょちょう》、ボクには想《そう》像《ぞう》がつかないです」

「そうじゃのう。以前《いぜん》、テレビ番組《ばんぐみ》で似《に》たような試合《しあい》があったな」

2010年《ねん》に放送《ほうそう》された『冒険《ぼうけん》チュートリアル』という番組《ばんぐみ》で、セレッソ大阪《おおさか》の11人《にん》と、サッカークラブの小学生《しょうがくせい》100人《にん》が対戦《たいせん》しました。結果《けっか》は3-2でセレッソ大阪《おおさか》が勝利《しょうり》。2-2でむかえた試合終盤《しあいしゅうばん》に、セレッソがなんとか勝《か》ちこしゴールをきめました。

「その番組《ばんぐみ》はボクも見《み》ました！　すごい熱戦《ねっせん》でした。100人《にん》と11人《にん》でほとんど互角《ごかく》だったので、22人《にん》と4人《にん》もいい勝負《しょうぶ》になるのでは？」

「いや、ワシは4人《にん》のプロが圧勝《あっしょう》すると思《おも》うな」

「え？　なぜですか？」

セレッソ大阪《おおさか》11人《にん》vs小学生《しょうがくせい》100人《にん》は、人《ひと》が多《おお》すぎるために「スペース」がせまく、プロ選手《せんしゅ》たちはきゅうくつそうでした。思《おも》いきり走《はし》ると、だれかにぶつかってしまいます。でも、そのままのコートで22人《にん》vs4人《にん》に減《へ》ると、「スペース」がひろくなるので、プロ

選手《せんしゅ》たちの足《あし》の速《はや》さやドリブルが威力《いりょく》を増《ま》すことになります。そうなったら、小学生《しょうがくせい》には太刀打《たちう》ちできません。

「スペースですか……なるほど」

「ふつうの試合《しあい》でも同《おな》じこと。相《あい》手《て》のまわりのスペースを、いかにせまくするか。そのためにディフェンスラインをあげたり、サイドに追《お》いこんだりする。それがサッカーの戦術《せんじゅつ》じゃ」

「勉強《べんきょう》になりました！　今回《こんかい》はマジメに終《お》わりましたね。たまにはいいか」

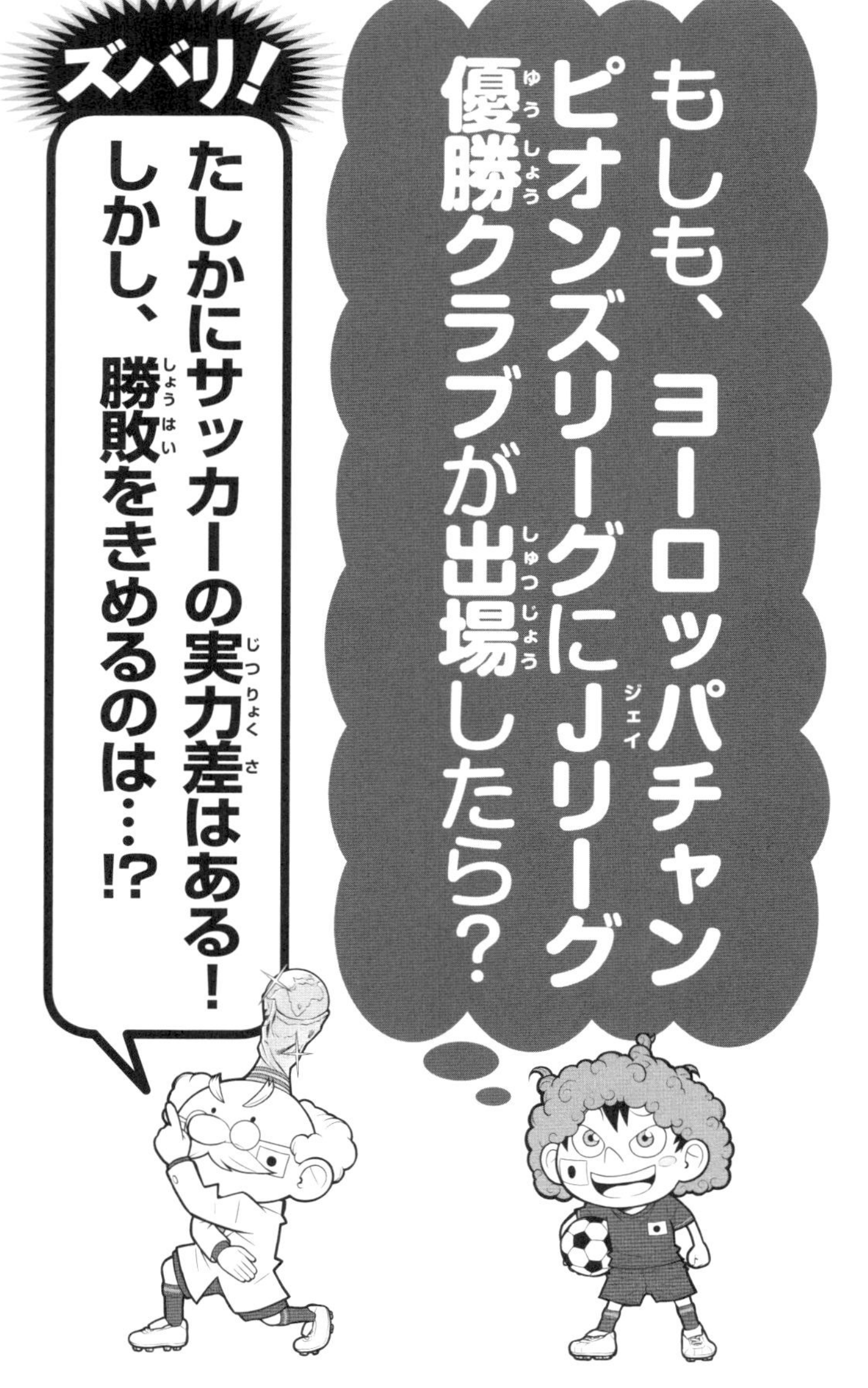
もしも、ヨーロッパチャンピオンズリーグにＪ《ジェイ》リーグ優勝《ゆうしょう》クラブが出場《しゅつじょう》したら？
ズバリ！
たしかにサッカーの実力差《じつりょくさ》はある！しかし、勝敗《しょうはい》をきめるのは…!?

■もしも、ヨーロッパチャンピオンズリーグにJ《ジェイ》リーグ優勝《ゆうしょう》クラブが出場《しゅつじょう》したら？

ヨーロッパチャンピオンズリーグは、欧州《おうしゅう》の各国《かっこく》リーグで首位《しゅい》、もしくは上位《じょうい》にはいったクラブが参加《さんか》する、世界最高《せかいさいこう》レベルの大会《たいかい》です。試合《しあい》の質《しつ》はワールドカップよりも高《たか》いといわれています。

ありえない話《はなし》ですが、もしも、J《ジェイ》リーグ優勝《ゆうしょう》クラブが出場《しゅつじょう》したら、どれくらい勝《か》ちあがるのでしょうか？

「いやー、所長《しょちょう》。さすがにきびしいですよ！　J《ジェイ》リーグはおもしろいけど、チャンピオンズリーグとはレベルがちがうから（とかいってると『はたしてそうかな？』って所長《しょちょう》に反論《はんろん》されるパターン……）」

「そうだな。ワシもそう思《おも》うよ、タローくん」

「（ほらね……ワシもそう思《おも》う……って）ええっ！　所長《しょちょう》もそう思《おも》うんですか？　やっぱりJ《ジェイ》リーグのクラブではきびしいですか？」

「なにをおどろいておるのじゃ。そりゃプレーレベルはぜんぜんちがうわ。ただし……」

「（きたっ！）所長《しょちょう》、なにか秘策《ひさく》があるんですね！」

プレーのレベルだけで勝敗《しょうはい》がきまらないのがサッカーです。たとえば、実際《じっさい》にチャンピオンズリーグ王者《おうじゃ》が出場《しゅつじょう》するクラブワールドカップを思《おも》いだしてください。

2016年《ねん》の決勝《けっしょう》にのこった鹿島《かしま》アントラーズは、決勝《けっしょう》でレアル・マドリードと対戦《たいせん》しましたが、90分間《ぷんかん》では2-2でした。けっきょく、延長戦《えんちょうせん》のすえに2-4で敗《やぶ》れましたが、これがチャンピオンズリーグなら、鹿島《かしま》はレアルとは引《ひ》き分《わ》けです。勝《か》ち点《てん》1をとったことになります。結果《けっか》だけ見《み》ると、じゅうぶんに世界《せかい》でも通用《つうよう》する成績《せいせき》です。

しかし、レアルと鹿島《かしま》にはあきらかに力《ちから》の差《さ》がありました。それだけではありません。準決勝《じゅんけっしょう》で下《くだ》した南米王者《なんべいおうじゃ》のアトレティコ・ナシオナルも、鹿島《かしま》をこえる能力《のうりょく》がありました。

そう、サッカーの勝敗《しょうはい》は実力《じつりょく》だけではきまらないのです。

力《ちから》の差《さ》をうめたのは、鹿島《かしま》のかしこさでした。サッカーは、前半《ぜんはん》よりも後半《こうはん》のほうが約《やく》1・5倍《ばい》、ゴールが多《おお》くきまります。なぜなら、つかれてくる後半《こうはん》は、守備《しゅび》がおろそかになるからです。鹿島《かしま》はそれを利用《りよう》し、前半《ぜんはん》は集中《しゅうちゅう》して守《まも》りつつ、後半《こうはん》にスキをついてゴールをあげ、90分間《ぷんかん》をうまくコントロールしました。

鹿島《かしま》はJ《ジェイ》リーグでいちばんタイトルを獲得《かくとく》してきたクラブです。サッカーの勝《か》ちかたを知《し》っています。力《ちから》の差《さ》をうめるかしこさと、さらに相手《あいて》の名前《なまえ》にビビらない気持《きも》ちの強《つよ》さがありました。

「たとえば、同《おな》じJ《ジェイ》リーグの強豪《きょうごう》で浦和《うらわ》レッズやガンバ大阪《おおさか》がクラブワールドカップにでても、鹿島《かしま》ほどやれたかどうか。正直《しょうじき》、わからんぞ」

「所長《しょちょう》、鹿島《かしま》はなにがちがうんですか？」

「ふむ……。じゃあタローくん。『イタリア代表《だいひょう》はどんなチームともよい試合《しあい》をする』という言《い》い伝《つた》えを聞《き》いたことがあるかな？」

『どんなチームともよい試合《しあい》をする』。イタリアをほめているのかな？　と思《おも》うかもしれませんが、じつは皮肉《ひにく》です。どんな強《つよ》い相手《あいて》ともよい試合《しあい》をするけど、反対《はんたい》に、弱《よわ》い相手《あいて》ともよい試合《しあい》になってしまう、という意味《いみ》なのです。

イタリアは力《ちから》の差《さ》をうめる守備《しゅび》の戦術《せんじゅつ》がすぐれており、どんな強敵《きょうてき》もおそれるチームです。しかし、その反面《はんめん》、格下《かくした》のチームを圧倒《あっとう》してたたきつぶす攻撃的《こうげきてき》なサッカーはできません。だから、どんなチームとも接戦《せっせん》になるのです。
鹿島《かしま》と浦和《うらわ》・G大阪《ガンバおおさか》の関係《かんけい》も、それに似《に》ています。攻撃力《こうげきりょく》のある浦和《うらわ》やG大阪《ガンバおおさか》はリーグ戦《せん》でたくさん勝《か》てるチームです。対《たい》して伝統的《でんとうてき》に堅固《けんご》な守備《しゅび》の鹿島《かしま》はそれほどでもないですが、しかし、勝負《しょうぶ》どころで力《ちから》の差《さ》をひっくりかえす、かしこさと守備力《しゅびりょく》があります。鹿《か》島《しま》のほうがイタリアに似《に》た性格《せいかく》があり、ひと言《こと》でいえば勝負強《しょうぶづよ》く、トーナメントむきです。

「なるほど。J《ジェイ》リーグにも、鹿島《かしま》のようにチャンピオンズリーグで戦《たたか》えそうなクラブと、むずかしそうなクラブ、両方《りょうほう》あるわけですね」

「サッカーが強《つよ》いといっても、なかなか奥《おく》が深《ふか》いぞ。対戦《たいせん》チーム、大会形式《たいかいけいしき》、天気《てんき》（気《き》温《おん》）、ピッチの芝状態《しばじょうたい》、さまざまなじょうきょうで相性《あいしょう》が変《か》わってくる。FC《エフシー》バルセロナだって、全試合《ぜんしあい》をデコボコの芝《しば》でやれば、ぜんぜん勝《か》てないかもしれん」

「……そういえば、この前《まえ》、わが研究所主催《けんきゅうじょしゅさい》のサッカー大会《たいかい》も、みょうに芝《しば》が荒《あ》れていたような。あれ、所長《しょちょう》、なんでそんなところにスコップが……まさか」

「ぎくっ！　タ、タローくん。ワシがそんなことするわけないじゃろ……」

「イタリア人《じん》もびっくりのずるがしこさです、所長《しょちょう》！」

もしも、ワールドカップが富士山頂《ふじさんちょう》で開催《かいさい》されたら？

ズバリ！

じつは、富士山頂《ふじさんちょう》と同《おな》じ高《たか》さですでにワールドカップは開催《かいさい》されていた…!?

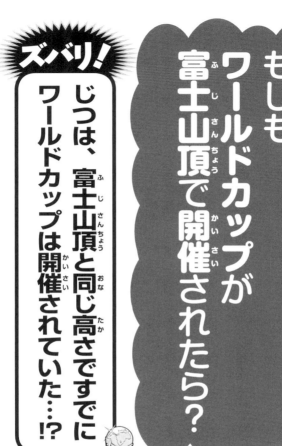

■もしも、ワールドカップが富士山頂《ふじさんちょう》で開催《かいさい》されたら？

富士山《ふじさん》の標高《ひょうこう》は３７７６メートル。日本一高《にほんいちたか》い山《やま》です。もしも、この富士山《ふじさん》の頂上《ちょうじょう》でデコボコを整《ととの》えてフィールドをつくり、サッカーのワールドカップがおこなわれたら、どうなるのでしょうか？

「やれやれ……所長《しょちょう》、知《し》ってます？　富士山《ふじさん》の頂上《ちょうじょう》って、酸素《さんそ》が地上《ちじょう》の３分《ぶん》の２しかないんですよ？　立《た》っているだけでも高山病《こうざんびょう》になるかもしれないのに、サッカーなんて、できるわけないでしょう！」

「ほほう、タローくん。じゃあ、世界《せかい》では富士山《ふじさん》と同《おな》じ標高《ひょうこう》で、ワールドカップ予選《よせん》がおこなわれていることを知《し》っているかな？」

「えっ!?　そんなまさか。知《し》らない！」

たとえば、南米《なんべい》は標高《ひょうこう》の高《たか》い街《まち》がたくさんあります。コロンビアの首都《しゅと》ボゴタは２６００メートル、エクアドルの首都《しゅと》キトは２８００メートル、ボリビアの首都《しゅと》ラパスは３６００メートル。ボリビアはほとんど富士山《ふじさん》と同《おな》じ標高《ひょうこう》です。じつはこうした街《まち》で、ずっと昔《むかし》からワールドカップ南米予選《なんべいよせん》はおこなわれているのです。

富士山《ふじさん》の頂上《ちょうじょう》でワールドカップ出場《しゅつじょう》をかけた真剣勝負《しんけんしょうぶ》にいどむ。想像《そうぞう》しただけでも、地獄《じごく》のような戦《たたか》いです。

そんな苦《くる》しい戦《たたか》いのなか、とくに苦労《くろう》してきたのが、アルゼンチンとブラジルでした。この2つの国《くに》は海沿《うみぞ》いの街《まち》が多《おお》く、低地《ていち》でサッカーがおこなわれています。山《やま》の上《うえ》にあるような高地《こうち》にはなれていません。

2013年《ねん》にボリビアでワールドカップ予選《よせん》を戦《たたか》ったアルゼンチンは、フィールドのわきに酸素《さんそ》ボンベをおき、プレーがとぎれるたびに酸素《さんそ》を吸入《きゅうにゅう》しながらプレーしました。それでもメッシがハーフタイムにおう吐《と》し、アンヘル・ディ・マリアも試合中《しあいちゅう》にたおれるなど、もうたいへん。なんとか1－1で引《ひ》き分《わ》けましたが、2009年《ねん》の予選《よせん》ではボリビアに1－6と大敗《たいはい》したこともあります。さすがのメッシも「ドリブルしたあとに呼吸《こきゅう》をとりもどすだけでも、ひと苦労《くろう》だった。ここでプレーするのはおぞましいよ」と弱音《よわね》をもらしたほどです。

「……びっくりしすぎて、声《こえ》もでません」

「世界《せかい》はひろいじゃろ？」

「アジアでも東南《とうなん》アジアは蒸《む》し暑《あつ》かったり、中東《ちゅうとう》は砂《すな》ぼこりがすごかったりと、いろいろありますけど、南米《なんべい》はすごい……」

「まったくじゃ。しかし、さすがに高地《こうち》すぎるから、選手《せんしゅ》の身体《からだ》が心配《しんぱい》だとFIFA《フィファ》がストップをかけたこともあった」

2007年《ねん》にFIFA《フィファ》は、標高《ひょうこう》2500メートル以上《いじょう》の高地《こうち》での試合《しあい》を禁止《きんし》しました。選手《せんしゅ》の身体《からだ》を守《まも》るため、医学的《いがくてき》なアドバイスがもとになっています。

ところが、これに反対《はんたい》したのがペルー、エクアドル、コロンビアの高地《こうち》にある3ヵ国《こく》でした。「我々《われわれ》からサッカーをする権利《けんり》をうばうな！」と。政府《せいふ》や大統領《だいとうりょう》までいっしょになり、大反対《だいはんたい》キャンペーンをおこないました。

その結果《けっか》、FIFA《フィファ》は標高《ひょうこう》3000メートルまでは開催《かいさい》OK《オーケー》と条件《じょうけん》をゆるめ、コロンビアやエクアドルでも試合《しあい》ができるようになりました。そして、ボリビアもさらに抵抗《ていこう》をつづけた結果《けっか》、首都《しゅと》のラパスでは特例《とくれい》で試合《しあい》の開催《かいさい》がOK《オーケー》となりました。

「なんだ。けっきょく、FIFA《フィファ》はすべておしきられたんですね」

「そのとおり。2018年《ねん》開催《かいさい》のロシアワールドカップの南米予選《なんべいよせん》も、これまでどおり高《こう》

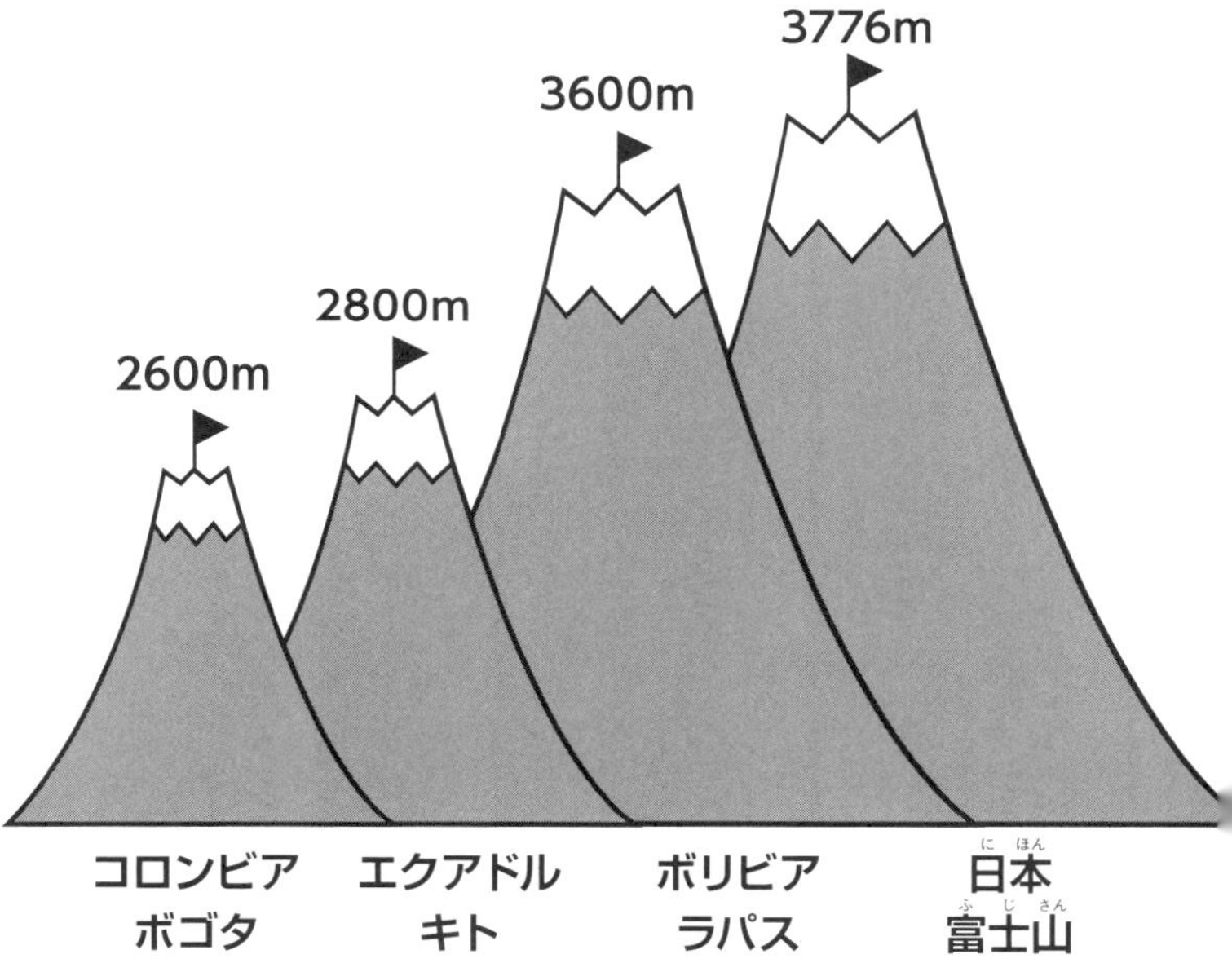

地《ち》で試合《しあい》がおこなわれておる」

「じゃあ、もしも富士山頂《ふじさんちょう》でワールドカップをやったら、高地《こうち》になれている南米《なんべい》の圧勝《あっしょう》ですね」

「もちろん、各国高地《かっこくこうち》トレーニングをして、対策《たいさく》するじゃろうが、たしかに高地《こうち》の国《くに》は有利《ゆうり》かもしれん。たとえば、ＦＩＦＡ《フィファ》ランキング最下位《さいかい》が常連《じょうれん》のブータン王国《おうこく》なんかは標高《ひょうこう》の高《たか》い国《くに》なので、富士《ふじ》山頂《さんちょう》で試合《しあい》をすれば……」

「意外《いがい》とやるかもしれませんね！」

もしも、ワールドカップが巨大《きょだい》冷蔵庫《れいぞうこ》で開催《かいさい》されたら？
ズバリ！
すずしい冷蔵庫《れいぞうこ》スタジアムで快適《かいてき》プレー……が実現《じつげん》できない大《おお》きな問題《もんだい》が…!?

■もしも、ワールドカップが巨大冷蔵庫《きょだいれいぞうこ》で開催《かいさい》されたら？

２０２２年《ねん》のワールドカップは、カタールでおこなわれることになっています。真夏《まなつ》には気温《きおん》が50度近《どちか》くにあがる、灼熱《しゃくねつ》の砂漠地帯《さばくちたい》です。

「かんべんしてほしいわい……。ワシは暑《あつ》いのが苦手《にがて》なんじゃ！」

「いやいや、所長《しょちょう》が試合《しあい》にでるわけではないですから！　でも、カタールは世界《せかい》でも有数《ゆうすう》の裕福《ゆうふく》な国《くに》です。巨大冷蔵庫《きょだいれいぞうこ》をつくって、そのなかでワールドカップを開催《かいさい》するなんて計画《けいかく》もすすんでいるらしいですよ」

なるほど。カタールはスタジアム全体《ぜんたい》をエアコンで冷《ひ》やして、真夏《まなつ》でもすずしい環境《かんきょう》でプレーできる巨大冷蔵庫《きょだいれいぞうこ》をつくりました。日本代表《にほんだいひょう》も何度《なんど》かカタールで試合《しあい》をしましたが、本当《ほんとう》にスタジアム内《ない》の気温《きおん》は16度《ど》くらいになっています。電気代《でんきだい》はたいへんですが、カタールは原油《げんゆ》と天然《てんねん》ガスの宝庫《ほうこ》。水道《すいどう》や光熱費《こうねつひ》はすべて無料《むりょう》の国《くに》です。エネルギーのむだなんて、ぜんぜん気《き》にしません。

「かんべんしてほしいわい……。ワシはエアコンの風《かぜ》が苦手《にがて》なんじゃ！」

「わがままな人《ひと》だなあ……。スタジアムはひろいからエアコンの風《かぜ》が直接《ちょくせつ》あたるような席《せき》はありませんよ」

しかし、じつは冷蔵庫《れいぞうこ》スタジアムには、もうひとつの問題《もんだい》がありました。それは観客《かんきゃく》の「健康《けんこう》」の問題《もんだい》です。試合中《しあいちゅう》のスタジアムはすずしくても、試合《しあい》がはじまる前《まえ》と終《お》わったあとは、ふたたび灼熱地獄《しゃくねつじごく》にほうりだされます。とんでもない温度差《おんどさ》です。

「かんべんしてほしいわい……。冷房《れいぼう》でキンキンに冷《ひ》えた屋内《おくない》と太陽《たいよう》でギンギンに暖《あたた》まった屋外《おくがい》をいったりきたりするのが、年寄《としよ》りにはいちばんつらいんじゃ！」

「たしかに、体調《たいちょう》がわるくなる人《ひと》がつぎつぎでて、問題《もんだい》になりそうですね」

そんなわけで冷蔵庫《れいぞうこ》スタジアムでの開催《かいさい》は見《み》なおされ、２０２２年《ねん》ワールドカップは歴《れき》史上初《しじょうはじ》めて6~7月《がつ》ではなく、11~12月《がつ》の冬《ふゆ》に開催《かいさい》されることになりました。

「冬《ふゆ》？　かんべんしてほしいわい……。ワシは寒《さむ》い冬《ふゆ》も苦手《にがて》なんじゃ！」

「いえ、所長《しょちょう》。カタールの冬《ふゆ》は気温《きおん》が20度《ど》くらいで、空気《くうき》もカラッと乾燥《かんそう》しているから、とてもすごしやすいんですよ。日本《にほん》の5月《がつ》と同《おな》じくらいです」

「……だったら、最初《さいしょ》からそうすればよかったじゃろ」

ところが、そうかんたんにはいかない、世界《せかい》のサッカー事情《じじょう》がありました。毎年《まいとし》、欧州《おうしゅう》サッカーのリーグ戦《せん》は8月《がつ》から翌年《よくねん》5月《がつ》までが1《ワン》シーズンですが、11〜12月《がつ》にワールドカップがあると、シーズン期間中《きかんちゅう》にクラブでの活動《かつどう》ができません。各国《かっこく》の代表選手《だいひょうせんしゅ》がたくさん所属《しょぞく》している欧州《おうしゅう》のビッグクラブはいっせいに大反対《だいはんたい》しました。最終的《さいしゅうてき》には開催期間《かいさいきかん》を短《みじか》くするなど工夫《くふう》することで11〜12月開催《がつかいさい》に決定《けってい》していますが、ワールドカップが冬《ふゆ》に開催《かいさい》されるのは史上初《しじょうはじ》めてのことです。

「これはよいことかもしれんな。いままでも1994年《ねん》のアメリカワールドカップ、2002年《ねん》の日韓《にっかん》ワールドカップなど、めちゃくちゃ暑《あつ》いなかでむりやり開催《かいさい》した大会《たいかい》はあった。しかし、時期《じき》をずらしてOK《オーケー》なら、ぜったいにそのほうがええわい」

「これなら所長《しょちょう》も心《こころ》おきなく観戦《かんせん》にいけますね」

「うむ。ところでタローくん。カタールってどこにあるのかな？」

「西《にし》アジア、中東《ちゅうとう》と呼《よ》ばれる地域《ちいき》ですよ。インドとアフリカのあいだくらいです。日本《にほん》からは飛行機《ひこうき》で11時間《じかん》です」

「11時間《じかん》？　かんべんしてほしいわい……。ワシは飛行機《ひこうき》が苦手《にがて》なんじゃ」

「もう所長《しょちょう》はテレビで見《み》なさい！」

もしも、身長《しんちょう》170cm以下《いか》
イレブンVS《ブイエス》身長《しんちょう》190cm以上《いじょう》
イレブンが試合《しあい》をしたら？

ズバリ！

大《おお》きな選手《せんしゅ》だけのチームが有利《ゆうり》！　だが、
小《ちい》さな選手《せんしゅ》たちにもチャンスあり…!?

■もしも、身長《しんちょう》170cm以下《いか》イレブンvs身長《しんちょう》190cm以上《いじょう》イレブンが試合《しあい》をしたら？

前《まえ》にもいったとおり、サッカーはいろいろな個性《こせい》がまざったチームのほうが強《つよ》いです。しかし、選手全員《せんしゅぜんいん》が小《ちい》さいチームと大《おお》きいチームが試合《しあい》をしたらどっちが強《つよ》いでしょうか。

「所長《しょちょう》。それはやっぱり大《おお》きいチームが有利《ゆうり》でしょう。クロスやコーナーキックでかんたんにゴールできそうですよ」

「そのとおり。だが、小《ちい》さいチームにも有利《ゆうり》なところはある」

小《ちい》さい選手《せんしゅ》のほうがこまかく、すばやくボールにタッチすることができるので、せまいスペースでは有利《ゆうり》です。メッシを思《おも》いうかべるとわかりやすいですね。

また、サッカーは肩《かた》でぶつかるショルダーチャージがOK《オーケー》ですが、大《おお》きい選手《せんしゅ》が小《ちい》さい選手《せんしゅ》に肩《かた》でぶつかると、顔《かお》にあたってしまい、ファウルになりがちです。だから、球際《たまぎわ》であたりづらい。じつは190センチメートル台《だい》の大《おお》きな選手《せんしゅ》は「小《ちい》さい選手《せんしゅ》とはやりづらい」という人《ひと》がけっこう多《おお》いのです。

試合《しあい》の勝敗《しょうはい》のポイントは、自分《じぶん》たちに有利《ゆうり》な展開《てんかい》に持《も》ちこめるかどうか、です。

大《おお》きいチームはサイド攻撃《こうげき》からのクロスと、セットプレーをたくさんとることがゴール

への近道《ちかみち》になりそうです。逆《ぎゃく》に小《ちい》さいチームは、セットプレーをあたえないように、できるだけ敵陣《てきじん》でプレーをつづけるべきです。高《たか》い位置《いち》からプレスをかけ、せまいスペースに相手《あいて》を追《お》いこみつづければ、小《ちい》さいチームもじゅうぶんに戦《たたか》えるでしょう。ただし、とってもつかれそうですが。

大《おお》きな選手《せんしゅ》が有利《ゆうり》なのはまちがいありません。しかし、小《ちい》さな選《せん》手《しゅ》が知恵《ちえ》を働《はたら》かせる試合《しあい》は、とてもおもしろそうですね。

もしも、ストライカー11人《にん》
VS《ブイエス》ディフェンダー11人《にん》が
試合《しあい》をしたら？
ズバリ！
ディフェンダーだけのチームが有利《ゆうり》！
勝敗《しょうはい》をわける大《おお》きなポイントは…!?

■もしも、ストライカー11人《にん》vsディフェンダー11人《にん》が試合《しあい》をしたら？

「ストライカー11人《にん》とディフェンダー11人《にん》。さて、タローくん。どうなると思《おも》う？」

「点数《てんすう》のとりあいになります。100-100もありえますね」

「な、なぜじゃ？」

「だってストライカー11人《にん》とディフェンダー11人《にん》だったら、GK《ゴールキーパー》がいないでしょう。ロングシュートきめ放題《ほうだい》です！」

「…………」

「(初《はじ》めて所長《しょちょう》から一本《いっぽん》とったぞ！)」

「……ふん。じゃあ、10人《にん》＋GK《ゴールキーパー》ということにしておこうか」

ついに所長《しょちょう》から一本《いっぽん》とった、タローくん！

そりゃそうですよね。GK《ゴールキーパー》を忘《わす》れちゃいけませんよね！

……もしかして、バカバカしいと思《おも》ってます？　いやいや、大事《だいじ》なことですから！

みなさんは『4-4-2』とか『4-2-3-1』とか、システムの書《か》きかたを見《み》たことがありますか？　一般的《いっぱんてき》にはそれでOK《オーケー》ですが、オランダでは『1-4-4-2』『1-4-2-

3-1』と書《か》きます。GK《ゴールキーパー》の『1』をかならずいれるのです。GK《ゴールキーパー》を省略《しょうりゃく》しません。

「僕《ぼく》らは4-4-2だけど、キミたちはどう攻《せ》める?」」、そんなふうにオランダ人《じん》に聞《き》いてください。みんな「ロングシュート!」というんです。「だってGK《ゴールキーパー》がいないじゃん」と。

彼《かれ》らはそれだけGK《ゴールキーパー》を重視《じゅうし》しているわけですね。

じつはタローくん! オランダ人《じん》だったんでしょうか!?

「いいえ、日本人《にほんじん》です」

「(だれと会話《かいわ》しておるのじゃ……)」

「GK《ゴールキーパー》がいるとしたら、ボクはディフェンダーのほうが強《つよ》いと思《おも》います」

「ほう。なぜじゃ?」

「セットプレーがありますから」

現代《げんだい》サッカーのゴールの3割《わり》は、セットプレーできまっています。とくにおたがいの実力《じつりょく》がきっこうした試合《しあい》では、最終的《さいしゅうてき》にセットプレーで勝敗《しょうはい》がきまることがたくさんあります。

「攻《せ》めるストライカーチームと、守《まも》るディフェンダーチームで、試合《しあい》は0-0ですすむと思《おも》います。でも、さいごはセットプレーがありますから。ストライカーは守備《しゅび》をあまりやったことがないし、カベのつくりかたも知《し》らないと思《おも》います。ディフェンダーチームは、ゴールは無理《むり》でも、コーナーキックやフリーキックさえとれれば、勝《か》てるでしょう」

　フリーキックのカベは、ボールとニアサイドのゴールポストをむすぶ線上《せんじょう》を端《はし》として人《ひと》をならべ、2～3番目《ばんめ》に身長《しんちょう》の高《たか》い選手《せんしゅ》をおくのがセオリーです。キッカーはカーブをかけてカベの上《うえ》をねらうため、そこがいちばん危険《きけん》なコースになるからです。カベのないファーサイド側《がわ》は、ＧＫ《ゴールキーパー》が担当《たんとう》します。

　コーナーキックのときは、相手《あいて》をマークしつつ、あまった人《ひと》がニアサイドに立《た》ち、低《ひく》いボールをはねかえすのがセオリーです。高《たか》くてとどかないボールはＧＫ《ゴールキーパー》が飛《と》びだすか、中央《ちゅうおう》にいる人《ひと》が競《せ》りあってクリアします。

「そういうセオリーも、ストライカーは大《おお》ざっぱにしか知《し》らないはず。ディフェンダーチームは、セットプレーで点《てん》をとれると思《おも》います！」

「なるほどな……。今回《こんかい》はタローくんに一本《いっぽん》とられたわい！」

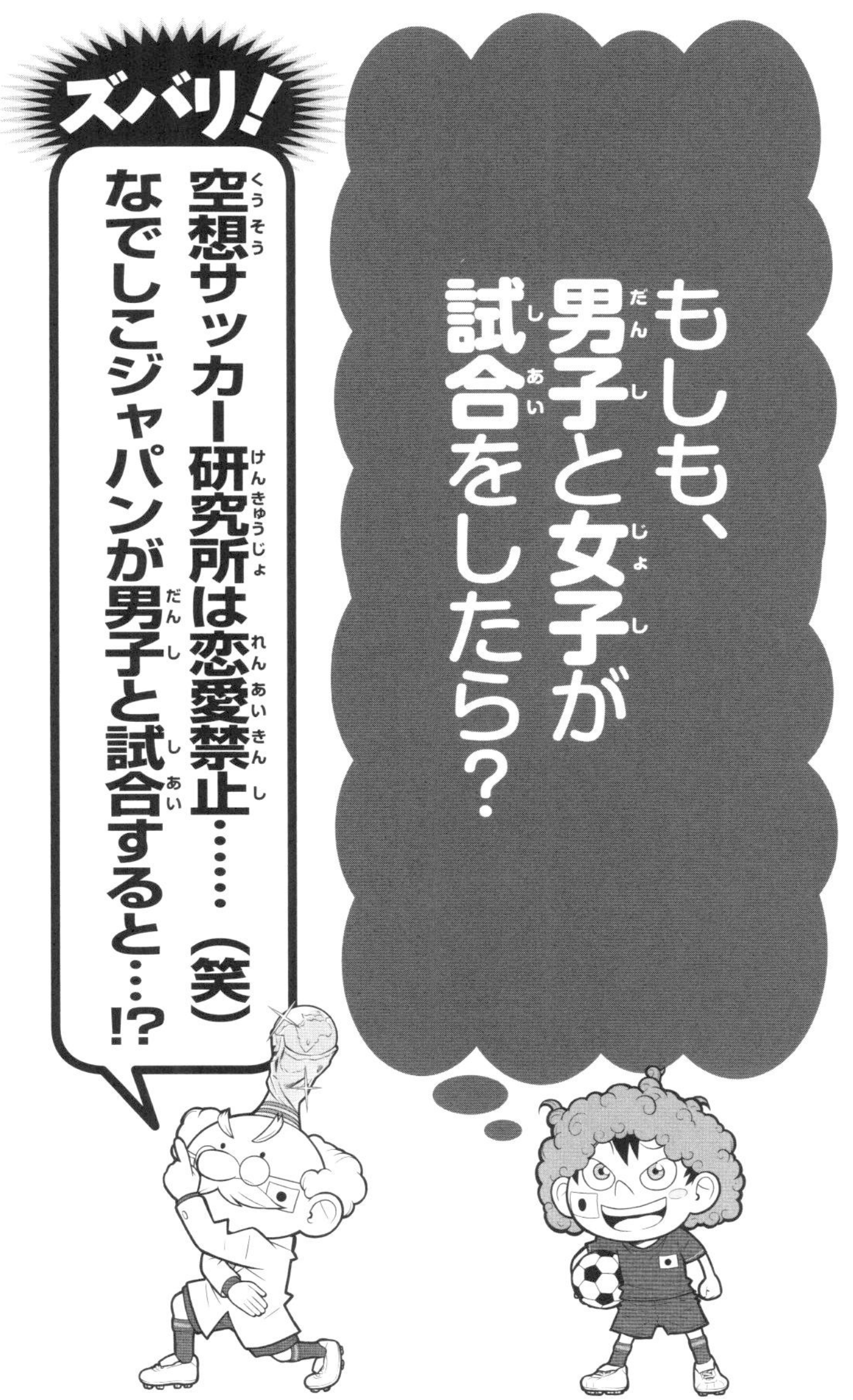
もしも、男子《だんし》と女子《じょし》が試合《しあい》をしたら？
ズバリ！
空想《くうそう》サッカー研究所《けんきゅうじょ》は恋愛禁止《れんあいきんし》……（笑）
なでしこジャパンが男子《だんし》と試合《しあい》すると…!?

■もしも、男子《だんし》と女子《じょし》が試合《しあい》をしたら？

「所長《しょちょう》、どうしても気《き》になることがあって、夜《よる》もねむれないんです」

「ほう、どうした？　夕飯《ゆうはん》はカレーのほうがよかったか？」

「いえ。男子《だんし》と女子《じょし》の関係《かんけい》が、よくわからなくて……」

「な、なに!?　タローくん、いつからそんなモテ男《おとこ》みたいなセリフを……。キーーッ!!　いかん、いかんぞ！　KSK《ケーエスケー》（空想《くうそう》サッカー研究所《けんきゅうじょ》）は恋愛禁止《れんあいきんし》じゃあ！」

「なでしこジャパンって、よく男子《だんし》と練習試合《れんしゅうじあい》をやりますよね。なでしこは男子《だんし》サッカーでいうと、どのくらいの強《つよ》さなんですか？」

「ん？　男子《だんし》と女子《じょし》の関係《かんけい》って……ゴホン。まあシンプルに試合《しあい》の結果《けっか》からいえば……」

2016年《ねん》、なでしこジャパンが静岡学園《しずおかがくえん》の男子《だんし》サッカー部《ぶ》と練習試合《れんしゅうじあい》をおこない、0‐12で負《ま》けたことがニュースになりました。これほどの大差《たいさ》はめずらしいですが、なでしこが男子《だんし》の高校《こうこう》や大学《だいがく》の強豪校《きょうごうこう》と試合《しあい》をすると、0‐3や0‐4で敗《やぶ》れることが多《おお》いです。澤穂希《さわほまれ》さんが現役《げんえき》でプレーしていた時代《じだい》も同《おな》じでした。

あたりまえですが、男性《だんせい》と女性《じょせい》は身体《からだ》のつくりがちがいます。女性《じょせい》は出産《しゅっさん》や育児《いくじ》にむけて、身体《からだ》が適応《てきおう》していくため、大人《おとな》になるにつれて、男子《だんし》とのスピードやパワーといった運動能力《うんどうのうりょく》の差《さ》が大《おお》きくなります。

なでしこジャパンの実力《じつりょく》は、男子《だんし》では強豪校《きょうごうこう》の高校《こうこう》1年生《ねんせい》と同《おな》じくらいといわれています。男子《だんし》は女子《じょし》にくらべると、2年《ねん》ほどおくれて成長期《せいちょうき》がやってくるので、高校《こうこう》3年間《ねんかん》で実力《じつりょく》がものすごくのびます。そうなってしまうと、なでしこが勝《か》つのはむずかしいですが、高校《こうこう》1年生《ねんせい》と戦《たたか》うと、互角《ごかく》の勝負《しょうぶ》になります。

それでも男子《だんし》が相手《あいて》なので、パワーやスピードでは勝《か》てません。しかし、技術《ぎじゅつ》はなでしこのほうが上《うえ》です。頭《あたま》の回転《かいてん》もはやいので、かしこく戦《たたか》える経験《けいけん》でカバーしながらがんばっています。

「なでしこにとっては苦《くる》しい試練《しれん》じゃ。しかし、この男子《だんし》との練習試合《れんしゅうじあい》があるからこそ、ワールドカップ優勝《ゆうしょう》や、ロンドン五輪《ごりん》の銀《ぎん》メダルをとれたともいえる」

「男子《だんし》と試合《しあい》をすると、そんなにいいんですか？」

「たとえば、アメリカ女子代表《じょしだいひょう》やドイツ女子代表《じょしだいひょう》は、身体《からだ》がでかくて、足《あし》が速《はや》いわな。でも、日本《にほん》の男子《だんし》と試合《しあい》をしていたら、それがふつうに思《おも》えるじゃろ」

「あっ、なるほど！　なれているから、このくらいなら勝《か》てる！　と思《おも》うかもしれませんね」

「そう。逆《ぎゃく》にいうと、そのなれがないのが男子《だんし》サッカーの弱《よわ》みじゃ。ワールドカップにいけばメッシやネイマールと戦《たたか》わなければならんが、なんせ未経験《みけいけん》の相手《あいて》ばかり。どのくらい速《はや》くてうまいのか、戦《たたか》うイメージがまったくわかん」

「そういうことも、女子《じょし》サッカーが世界《せかい》で堂々《どうどう》と戦《たたか》える理由《りゆう》のひとつなんですね」

女子《じょし》サッカーは男女《だんじょ》のちがいをうまくトレーニングに利用《りよう》しています。高校生《こうこうせい》以上《いじょう》になると男女《だんじょ》のあいだで、競技力《きょうぎりょく》の差《さ》がひろがってくるので、その差《さ》を世界《せかい》と戦《たたか》うシミュレーションにするわけです。

第《だい》3章《しょう》 空想監督《くうそうかんとく》編《へん》

さあ、お待《ま》ちかね！　もしも戦国大名《せんごくだいみょう》がサッカーの監督《かんとく》だったら、どんなチームになるのじゃろう？　もしも信長《のぶなが》が日本代表《にほんだいひょう》を指揮《しき》したら？　もしも信玄《しんげん》がブラジル代表《だいひょう》を指揮《しき》したら？　自分《じぶん》の好《す》きな武将《ぶしょう》は、とくにゆ～っくり読《よ》むといいぞ！

ワシとタローくんは代表《だいひょう》チームで空想《くうそう》したが、バルセロナやレアル・マドリードなど、クラブチームで空想《くうそう》してもおもしろいはずじゃ。それはおぬしがやってくれ！

信長《のぶなが》ジャパンが
もしも実現《じつげん》したら
選手《せんしゅ》はすごく
心強《こころづよ》いかもね！

もしも、織田《おだ》信長《のぶなが》が
日本《にほん》代表《だいひょう》の監督《かんとく》だったら？

ズバリ！

信長《のぶなが》ジャパンでワールドカップ初優勝《はつゆうしょう》
まちがいなし…といいたいところだが…!?

■もしも、織田信長《おだのぶなが》が日本代表《にほんだいひょう》の監督《かんとく》だったら？

織田信長《おだのぶなが》は、時代《じだい》を変《か》えた男《おとこ》でした。

騎馬隊《きばたい》がメインだった戦国時代《せんごくじだい》に、いちはやく鉄砲《てっぽう》を導入《どうにゅう》します。当時《とうじ》の鉄砲《てっぽう》は連続《れんぞく》でうてないことが弱点《じゃくてん》でしたが、信長《のぶなが》は鉄砲隊《てっぽうたい》を3列《れつ》にくませ、1列目《れつめ》がうってから弾《たま》をこめるあいだに2、3列目《れつめ》がいれかわる『3段《だん》うち』を考《かんが》えました。鉄砲《てっぽう》の弱点《じゃくてん》を戦術《せんじゅつ》でカバーし、武田《たけだ》の騎馬隊《きばたい》をみごとに打《う》ちやぶっています（長篠《ながしの》の戦《たたか》い）。戦《たたか》いの主役《しゅやく》は鉄砲《てっぽう》に代《か》わりましたが、その先陣《せんじん》をきったのは信長《のぶなが》でした。

未来《みらい》を読《よ》む目《め》、常識《じょうしき》にとらわれない発想《はっそう》と行動力《こうどうりょく》。信長《のぶなが》の革命《かくめい》は、鉄砲《てっぽう》だけではなく、産業《さんぎょう》や貿易《ぼうえき》などさまざまな分野《ぶんや》にひろがりました。まさしく、時代《じだい》を変《か》えた男《おとこ》です。

そんな信長《のぶなが》が、もしもサッカー日本代表《にほんだいひょう》の監督《かんとく》に就任《しゅうにん》したら？

「たいへんじゃ、タローくん！　日本代表《にほんだいひょう》がＦＣ《エフシー》バルセロナになる日《ひ》は近《ちか》いぞ！」

「どういうことですか、所長《しょちょう》。信長《のぶなが》が監督《かんとく》になると、なぜＦＣ《エフシー》バルセロナになるんですか？」

「そっくりなのじゃ！　信長《のぶなが》がサッカー界《かい》の伝説《でんせつ》、ヨハン・クライフに」

クライフとは、1978年《ねん》ワールドカップで準優勝《じゅんゆうしょう》したオランダ代表《だいひょう》の中心選手《ちゅうしんせんしゅ》です。ディフェンダーもフォワードも関係《かんけい》なく、ポジションチェンジしながらパスをまわすスタイルが『トータルフットボール』と名《な》づけられ、世界中《せかいじゅう》にしょうげきをあたえました。もしも興味《きょうみ》があれば、お父《とう》さんに「トータルフットボールってなに？」と聞《き》いてみてください。きっと一晩中《ひとばんじゅう》、昔《むかし》ばなしを聞《き》かされますよ……。そのくらい伝説的《でんせつてき》な選手《せんしゅ》なのです。

そのクライフが1988年《ねん》、監督《かんとく》としてやってきたのがFC《エフシー》バルセロナでした。クライフは自分《じぶん》のサッカー理論《りろん》を植《う》えつけます。

「ボールをまわせ！　ボールはつかれない」

「なにも考《かんが》えずにバカみたいに走《はし》るのはやめろ！」

当時《とうじ》は、よく走《はし》ってあたりが強《つよ》い選手《せんしゅ》＝すぐれた選手《せんしゅ》でした。しかし、クライフの考《かんが》えはちがいます。なによりも「技術《ぎじゅつ》」が大事《だいじ》。すばやく正確《せいかく》にパスをまわせる選手《せんしゅ》を集《あつ》めて、ポゼッションサッカー（ボール支配《しはい》サッカー）をめざします。その選手《せんしゅ》のひとりが、現在《げんざい》世界最高《せかいさいこう》の監督《かんとく》としてFC《エフシー》バルセロナ、バイエルン・ミュンヘン、マンチェスター・シティで大《だい》かつやくしているペップ・グアルディオラでした。

グアルディオラの技術《ぎじゅつ》はすばらしかったです。しかし、身体《からだ》はひょろひょろで、すぐにあたり負《ま》けします。バルセロナでプレーできる選手《せんしゅ》とはだれも思《おも》わず、コーチも「グアルディオラをいれると負《ま》けてしまう」となげくほどでした。しかし、クライフは……。

「相手《あいて》の身体《からだ》が強《つよ》いなら、ボールをいっさいわたさずにまわせばいい。我々《われわれ》は技術《ぎじゅつ》のある選手《せんしゅ》をもとめているのだ！　それが原因《げんいん》で負《ま》けるのなら、負《ま》けてしまえ！」

自分《じぶん》の信念《しんねん》を曲《ま》げず、ポゼッションサッカーをつくりあげたクライフ。ついに1992年《ねん》のヨーロッパチャンピオンズリーグで優勝《ゆうしょう》をはたします。魅力的《みりょくてき》なテクニックを見《み》せた当時《とうじ》のチームは『ドリームチーム』と呼《よ》ばれ、いまに語《かた》りつがれています。クライフがつくったサッカーが、美《うつく》しいバルセロナの基本《きほん》になり、現在《げんざい》はそのバルセロナを、世界中《せかいじゅう》のクラブがマネしているわけです。

クライフは、みんなに「えー！　そんなのダメだよ！」といわれながらも、信念《しんねん》をつらぬき、時代《じだい》を変《か》えました。どうです？　うつけ者《もの》（バカ者《もの》）といわれた信長《のぶなが》にそっくりだと思《おも》いませんか？　信長《のぶなが》が日本代表《にほんだいひょう》をひきいたら、クライフのような『ドリームチーム』をつくるにちがいありません！

「所長《しょちょう》、まさにそうですよ！　信長《のぶなが》ジャパンなら、日本代表《にほんだいひょう》もワールドカップで優勝《ゆうしょう》します！」

「ところが、タローくん。信長《のぶなが》のさいごを思《おも》いだしてみるのじゃ」

「……天下《てんか》をとる前《まえ》に、部下《ぶか》の明智光秀《あけちみつひで》に反乱《はんらん》をおこされ、本能寺《ほんのうじ》で死亡《しぼう》しましたね。やっぱり……信長《のぶなが》じゃ結果《けっか》をのこせないかも」

そんなところもクライフはそっくり。個性《こせい》が強《つよ》くて自分《じぶん》を曲《ま》げないクライフは、1992年《ねん》の優勝《ゆうしょう》以来《いらい》、しだいに選手《せんしゅ》、クラブの役員《やくいん》、メディアとケンカをくりかえすようになりました。そして、ついにはFC《エフシー》バルセロナから追《お》いだされてしまいます。

時代《じだい》のさきをゆき、革命《かくめい》をおこした信長《のぶなが》とクライフですが、最終的《さいしゅうてき》に天下《てんか》をとったのは、豊臣秀吉《とよとみひでよし》やグアルディオラでした。つまり、革命《かくめい》のアイデアを受《う》けついだ教《おし》え子《ご》たちだっ

たのです。
「信長《のぶなが》ジャパンは魅力的《みりょくてき》じゃが、ワールドカップで優勝《ゆうしょう》できるのは、信長《のぶなが》のもとでコーチをつとめた、秀吉《ひでよし》や家康《いえやす》タイプだろうな」
「はかないですね……。でも、それでもいい！　信長《のぶなが》ジャパン見《み》たい！」

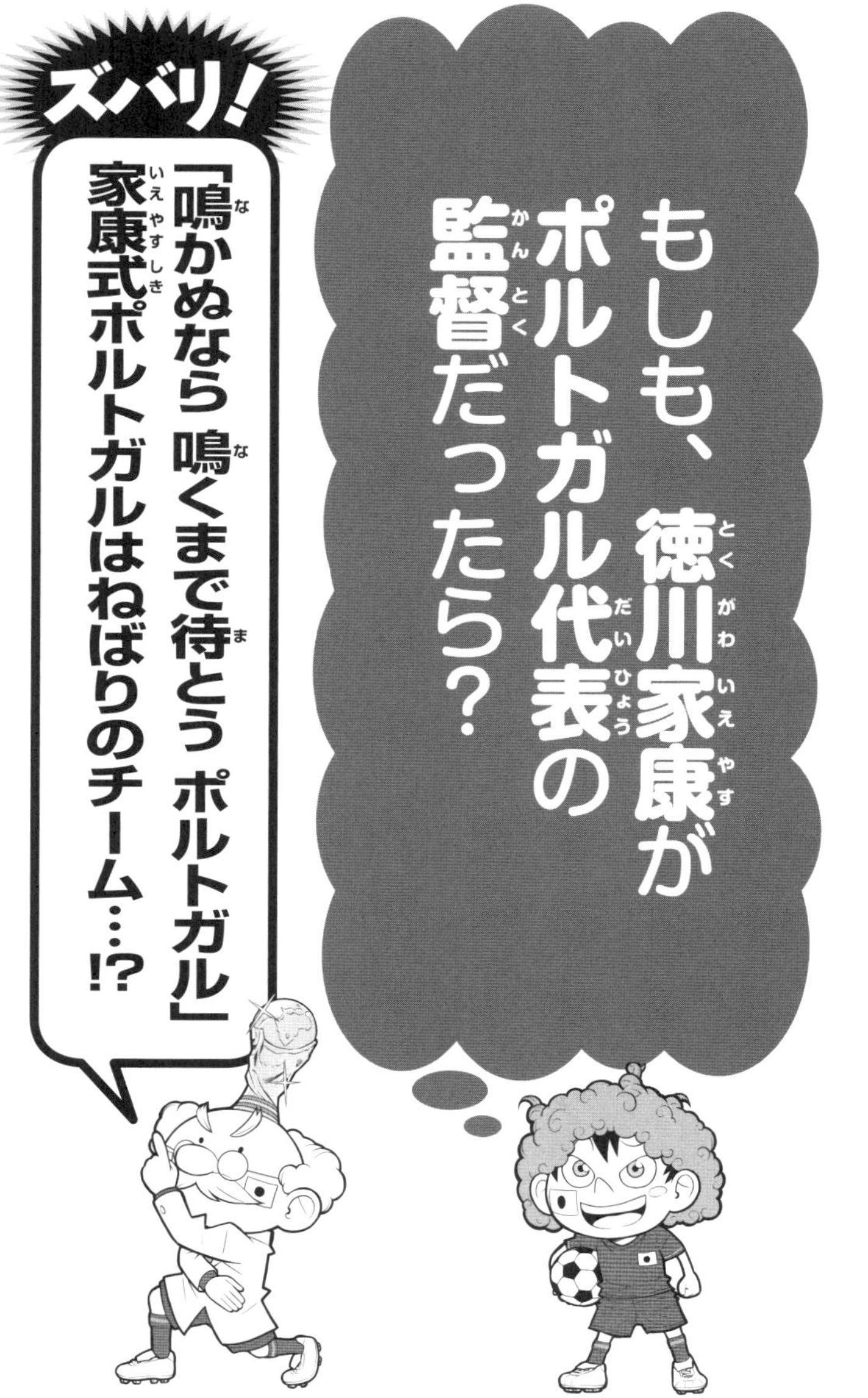
もしも、徳川家康《とくがわいえやす》がポルトガル代表《だいひょう》の監督《かんとく》だったら？
ズバリ！
「鳴《な》かぬなら 鳴《な》くまで待《ま》とう ポルトガル」
家康式《いえやすしき》ポルトガルはねばりのチーム…!?

■もしも、徳川家康《とくがわいえやす》がポルトガル代表《だいひょう》の監督《かんとく》だったら？

鳴《な》かぬなら、鳴《な》くまで待《ま》とう、ほととぎす。

信長《のぶなが》が戦国時代《せんごくじだい》に革命《かくめい》をおこし、秀吉《ひでよし》に天下《てんか》とりでさきをこされても、家康《いえやす》はあせらず、無理《むり》をせず、自分《じぶん》にチャンスがくるのを待《ま》ちました。その結果《けっか》、秀吉《ひでよし》が死《し》んだあとに天下《てんか》をとり、２６０年《ねん》もつづく江戸幕府《えどばくふ》をひらいています。

当時《とうじ》の日本《にほん》には、ポルトガルの宣教師《せんきょうし》がキリスト教《きょう》をひろめるためにやってきました。そのいきおいをおそれた家康《いえやす》は、秀吉《ひでよし》と同《おな》じように、キリスト教《きょう》を禁止《きんし》します。しかし、ポルトガルとの貿易《ぼうえき》によってえられる品物《しなもの》までなくすのはおしいと、さいごまでなやみつづけました。家康《いえやす》とポルトガルは切《き》っても切《き》れない関係《かんけい》だったといえるでしょう。

そんな家康《いえやす》が、もしもポルトガル代表《だいひょう》の監督《かんとく》だったら、どんなチームになるのでしょうか？

強豪《きょうごう》といわれながらも、ポルトガルはサッカーの国際大会《こくさいたいかい》では無冠《むかん》でした。２０００年《ねん》以降《いこう》のワールドカップとユーロ（欧州選手権《おうしゅうせんしゅけん》）では、フランス、イタリア、スペイン、ドイツと、強豪国《きょうごうこく》が優勝《ゆうしょう》をはたしましたが、ポルトガルは一度《ど》も優勝《ゆうしょう》していません。最大《さいだい》のチャンスだった２００４年《ねん》ユーロも、ギリシャの初優勝《はつゆうしょう》でさきをこされ、いつもおしいところで終《お》わります。

「しんちょうでリスクをおかさない家康《いえやす》だったら、かたいチームをつくるだろうな。決《けっ》してバランスをくずさない、守備的《しゅびてき》なポルトガルを」

「でも、所長《しょちょう》。ポルトガルは攻撃《こうげき》で見《み》せるイメージがありますよ。守備《しゅび》のチームにしてもいいんですか？」

「そこがミソなのじゃ。タローくん」

２０１６年《ねん》のユーロで見《み》られたのは、守備的《しゅびてき》なポルトガルでした。クリスティアーノ・ロナウドをフォワードにおいて、ほかのみんなが一生懸命《いっしょうけんめい》に守《まも》ります。得点力《とくてんりょく》がないので、すっきり勝《か》てません。でも失点《しってん》は少《すく》なく、守備《しゅび》はかたいです。

２０１６年《ねん》ユーロは、ルールが少《すこ》し変《か》わっていたことに注目《ちゅうもく》しましょう。参加《さんか》チームが16から24に増《ふ》えました。グループリーグが３位《い》でも、勝《か》ち点《てん》が他《た》グループの３位《い》よりも多《おお》ければ決勝《けっしょう》トーナメントに進出《しんしゅつ》できます。守備的《しゅびてき》なポルトガルはゴールが少《すく》なく、グループリーグは3戦《せん》3引《ひ》き分《わ》けでしたが、勝《か》ち点《てん》3の3位《い》でぎりぎり突破《とっぱ》します。これぞ、「3」づくし突破《とっぱ》。

すると、決勝《けっしょう》トーナメントを見《み》てびっくり。スペイン、イタリア、ドイツ、フランス。強豪《きょうごう》チームはすべて反対側《はんたいがわ》のくみあわせになっています。勝手《かって》に強《つよ》いチーム同士《どうし》がつぶしあう。なんというクジ運《うん》でしょう。待《ま》っていたら、運《うん》がころがりこみました。まさに家康《いえやす》のチーム。

鳴《な》かぬなら、鳴《な》くまで待《ま》とう、ポルトガル。

参加《さんか》チームが増《ふ》えたことで、決勝《けっしょう》トーナメントは1試合《しあい》多《おお》くなりましたが、家康式《いえやすしき》ポルトガルは、延長戦《えんちょうせん》で勝利《しょうり》、PK《ピーケー》戦《せん》で勝利《しょうり》と、ねばり強《づよ》く勝《か》ちのこります。全《ぜん》7試合《しあい》のうち、90分《ぷん》ですっきり勝《か》ったのは準決勝《じゅんけっしょう》のウェールズ戦《せん》だけ。

いいんです！　トーナメントは負《ま》けないことが大事《だいじ》！

そして決勝《けっしょう》にたどりつくと、きびしいくみあわせを勝《か》ちぬいてつかれの見《み》えるフランスが待《ま》っていました。ここでもポルトガルは延長戦《えんちょうせん》に持《も》ちこみ、しぶとく決勝《けっしょう》ゴールをゲット。そして、初《はじ》めてユーロの優勝国《ゆうしょうこく》にかがやきました。

「なるほど。たしかに２０１６年《ねん》のポルトガルは家康監督《いえやすかんとく》でしたね」

「本当《ほんとう》の監督《かんとく》はフェルナンド・マヌエル・フェルナンデス・ダ・コスタ・サントスという人《ひと》だがな。長《なが》いから、あだ名《な》はイエヤスでどうじゃ」

「勝手《かって》にきめたら、おこられますよ！」

「だいじょうぶ。きっと温厚《おんこう》でやさしい人格者《じんかくしゃ》なはず」

「なぜ、そんなことがわかるんですか？」

「決勝《けっしょう》でケガをしたロナウドがわがもの顔《がお》で監督《かんとく》みたいに指示《しじ》するのを、笑《わら》ってゆるしていただろう？　少《すこ》しのことには動《どう》じない温厚《おんこう》な名将《めいしょう》・イエヤスじゃ」

「たしかに、あの姿《すがた》はとてもカッコよかったです。イエス！　イエヤス！」

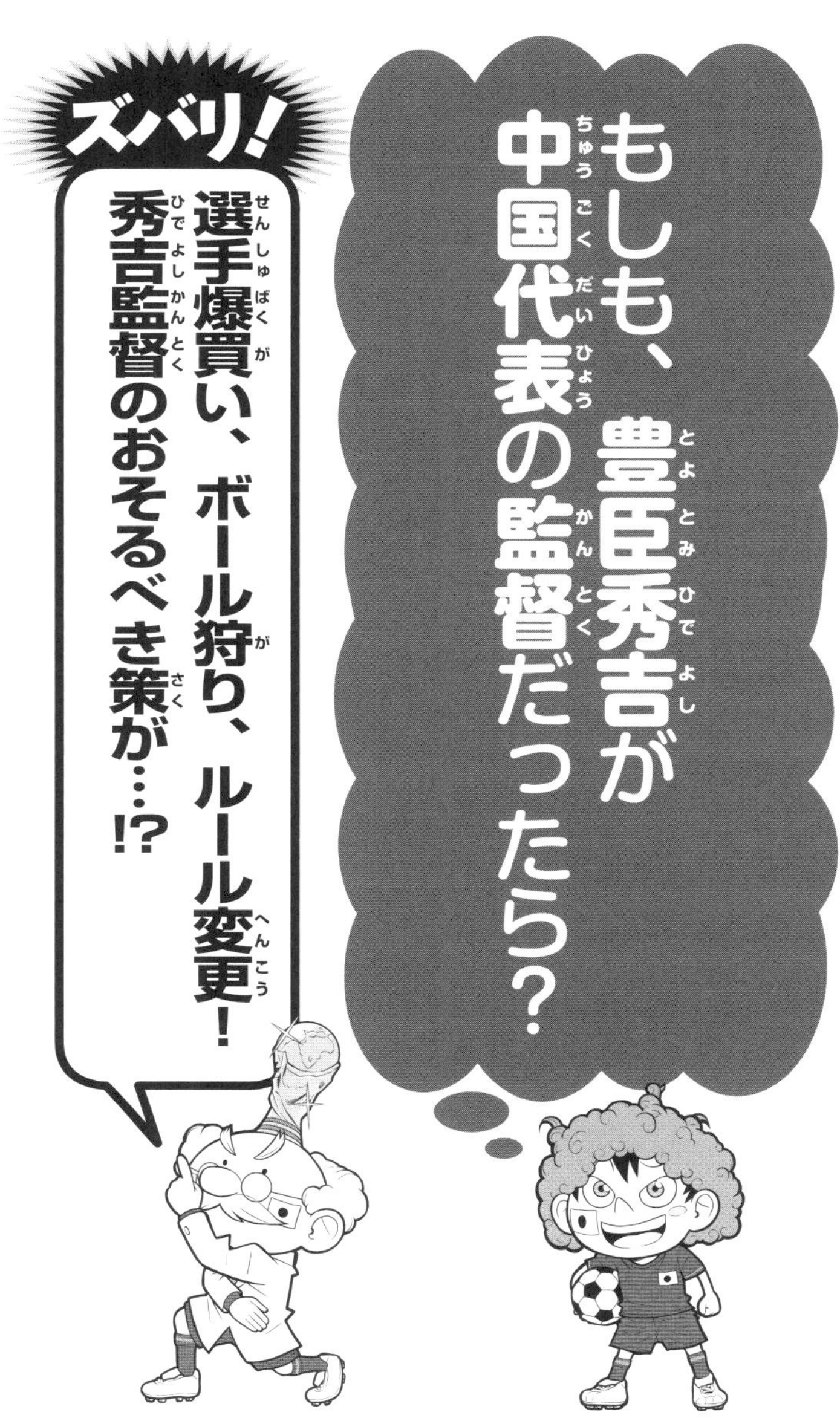
もしも、豊《とよ》臣《とみ》秀《ひで》吉《よし》が
中《ちゅう》国《ごく》代《だい》表《ひょう》の監《かん》督《とく》だったら？
ズバリ！
選《せん》手《しゅ》爆《ばく》買《が》い、ボール狩《が》り、ルール変《へん》更《こう》！
秀《ひで》吉《よし》監《かん》督《とく》のおそるべき策《さく》が…!?

■もしも、豊臣秀吉《とよとみひでよし》が中国代表《ちゅうごくだいひょう》の監督《かんとく》だったら？

秀吉《ひでよし》といえば『下克上《げこくじょう》』をおこしたことで有名《ゆうめい》です。足軽《あしがる》の子《こ》からはじまり、手柄《てがら》をあげて信長《のぶなが》の家臣《かしん》にとり立《た》てられ、信長《のぶなが》が死《し》んだあとは天下人《てんかびと》の座《ざ》へ。太閤殿下《たいこうでんか》と呼《よ》ばれるまでに出世《しゅっせ》しました。

そんな秀吉《ひでよし》が、ＦＩＦＡ《フィファ》ランキング81位《い》と低迷《ていめい》する中国代表《ちゅうごくだいひょう》の監督《かんとく》になったら、どんな方法《ほうほう》で『下克上《げこくじょう》』を成《な》しとげるのでしょうか？

「タローくん。秀吉《ひでよし》といえば、派手《はで》好《ず》きで有名《ゆうめい》じゃな？」

「そうですね。服《ふく》も食事《しょくじ》もきらびやかなものが好《す》きで、大坂城《おおさかじょう》もとても豪華《ごうか》につくらせました」

「そんな秀吉《ひでよし》の発想《はっそう》で、サッカーチームを強《つよ》くするなら、どうすると思《おも》う？」

「うーん……なんでしょう？」

「ズバリ、爆買《ばくが》いじゃ！」

高価《こうか》な服《ふく》や茶器《ちゃき》を爆買《ばくが》いした秀吉《ひでよし》なら、きっとサッカー選手《せんしゅ》も爆買《ばくが》いするはず。メッシ、ロナウド、ネイマール。全員中国《ぜんいんちゅうごく》につれてきて、中国代表《ちゅうごくだいひょう》にしよう！　……秀吉《ひでよし》なら、そういいだすのではないでしょうか。

ところが、サッカーの場合《ばあい》は、その国《くに》に5年以上住《ねんいじょうす》んでいなければ、代表選手《だいひょうせんしゅ》の資格《しかく》がありません。また、すでに一度《ど》ほかの国《くに》でA《エー》代表《だいひょう》として出場《しゅつじょう》した選手《せんしゅ》も、代表《だいひょう》チームの変更《へんこう》は不可能《ふかのう》です。つまり、メッシやロナウドをつれてきても意味《いみ》がないというわけですね。

「選手《せんしゅ》をつれてくるのがダメなら、育《そだ》てるしかありませんね」

「わっはっは。そんなこと秀吉《ひでよし》には無理《むり》じゃ。息子《むすこ》や家臣《かしん》を育《そだ》てられず、自分《じぶん》が死《し》んだあとは徳川《とくがわ》に乗《の》っとられてしまったからな。育成《いくせい》にはむいておらん」

「た、たしかに……！」

そうか。やっぱり下克上《げこくじょう》って、そんなにかんたんじゃないんですね……。って、所長《しょちょう》！　あなた秀吉《ひでよし》をあまく見《み》ていませんか？

「むむ！　な、なぜか胸《むな》さわぎがするのう……」

「(ダダダダ……ばんっ！)たいへんです、所長《しょちょう》！　ボールが、サッカーボールがどこにも見《み》あたりません！」

「な、なにぃっ！」

天下《てんか》をおさめた秀吉《ひでよし》は、全国《ぜんこく》であらそいをおこさせないように『刀狩《かたなが》り』を実行《じっこう》しました。そんな秀吉《ひでよし》なら、手段《しゅだん》はひとつしかありません。中国代表《ちゅうごくだいひょう》にとってライバルになりそうなチームから、ボールをとりあげて練習《れんしゅう》できないようにするんです！


すなわち、ボール狩《が》り！


「これは効果的《こうかてき》！　おそるべし、秀吉《ひでよし》！」

「それだけではないぞ、タローくん。秀吉《ひでよし》なら、さらに確実《かくじつ》にワールドカップにでるために、ＦＩＦＡ《フィファ》とうまく交渉《こうしょう》して協力《きょうりょく》させるのではないか？」

「ＦＩＦＡ《フィファ》に？」

「そう。たとえば、２０２６年《ねん》ワールドカップから出場《しゅつじょう》チームを32から48に増《ふ》やして、アジアの出場枠《しゅつじょうわく》が４・５から８になれば、中国《ちゅうごく》のワールドカップ出場《しゅつじょう》はまちがいないだろ

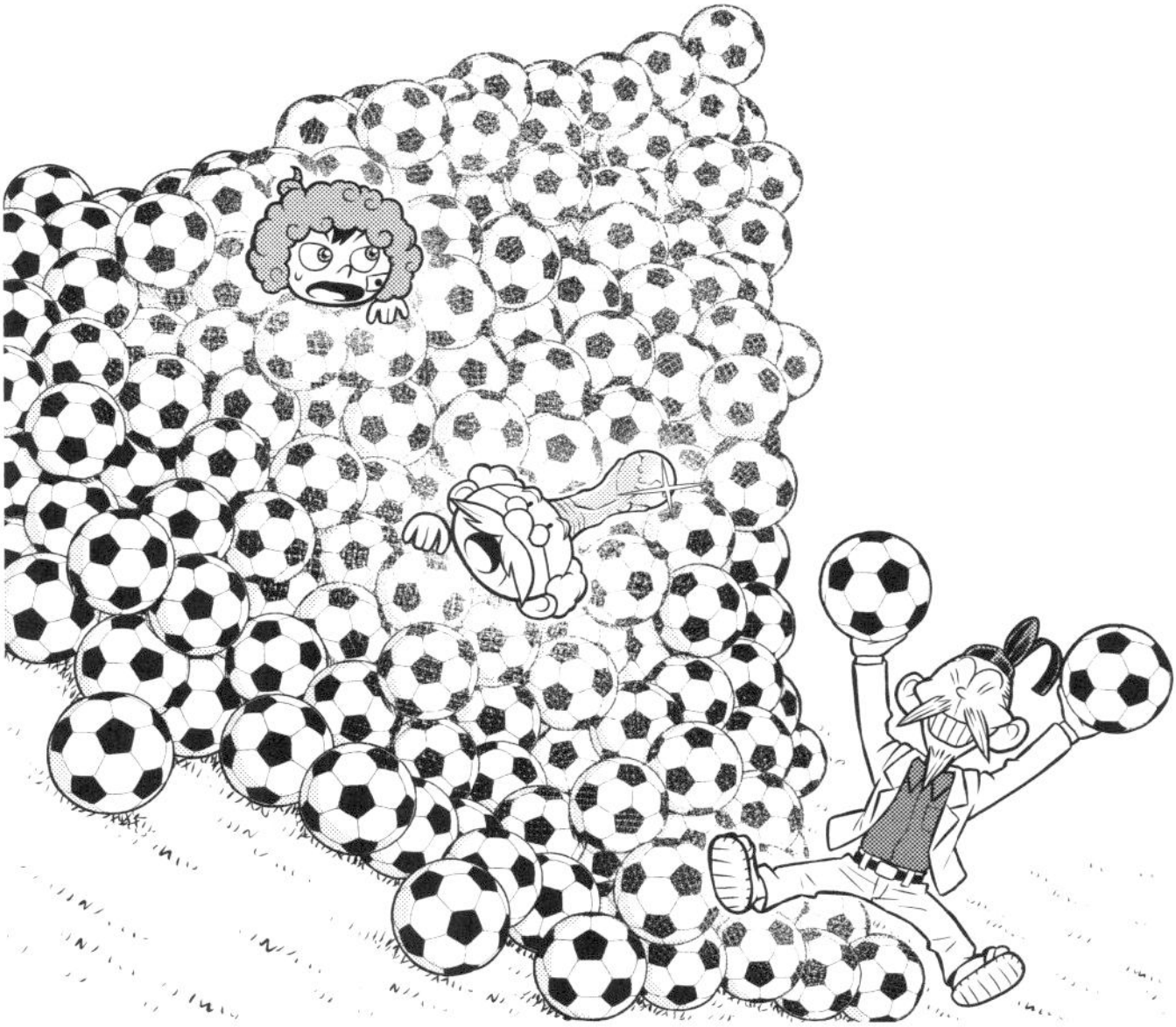

う？」

「たしかに……って、所長《しょちょう》。2026年《ねん》からワールドカップの出場《しゅつじょう》チームが増《ふ》えるのはホントの話《はなし》ですよ。理事会《りじかい》で正式《せいしき》に決定《けってい》されています。しかも、アジアは8枠《わく》と大《おお》はばに増《ふ》える予定《よてい》です」

「なるほど！　あの世《よ》からの秀吉《ひでよし》監督《かんとく》の策略《さくりゃく》ではないかと思《おも》える。おそるべし、秀吉《ひでよし》！」

もしも、武田信玄《たけだしんげん》がブラジル代表《だいひょう》の監督《かんとく》だったら？
ズバリ!
サッカー王国《おうこく》のピンチを救《すく》えるのは甲斐《かい》の虎《とら》・信玄監督《しんげんかんとく》しかいない…!?

■もしも、武田信玄《たけだしんげん》がブラジル代表《だいひょう》の監督《かんとく》だったら？

みなさんは、なぜサッカーではエースが『10番《ばん》』をつけるのか、知《し》っていますか？　それは17歳《さい》で1958年《ねん》ワールドカップに出場《しゅつじょう》し、大会《たいかい》6得点《とくてん》でブラジルを優勝《ゆうしょう》にみちびいたサッカーの神様《かみさま》・ペレがつけた番号《ばんごう》だからです。ペレが10番《ばん》だったのは、ただのぐうぜんですが、そのかつやくがあまりにもすごかったので、10番《ばん》＝エースというイメージが世《せ》界中《かいじゅう》にひろがりました。

ブラジルは1958年《ねん》の初優勝《はつゆうしょう》以降《いこう》、ワールドカップ最多《さいた》となる5回《かい》の優勝《ゆうしょう》を成《な》しとげています。ユニフォームには、それをしめす5つの星《ほし》がデザインされていますね。まさに最強《さいきょう》のサッカー王国《おうこく》です。

ところが、最近《さいきん》のブラジルはちょっと元気《げんき》がありません。2002年《ねん》の日韓《にっかん》ワールドカップ優勝《ゆうしょう》以降《いこう》は、準々決勝敗退《じゅんじゅんけっしょうはいたい》が2回《かい》。2014年《ねん》の自国開催《じこくかいさい》でも、準決勝《じゅんけっしょう》で対戦《たいせん》したドイツに、まさかの1-7で大敗《たいはい》しました。ブラジルのメディアは代表《だいひょう》チームを『恥《はじ》さらし』と痛烈《つうれつ》に批判《ひはん》しています。

そんな低迷《ていめい》するブラジルを、戦国時代《せんごくじだい》に『最強《さいきょう》』とおそれられた甲斐《かい》の虎《とら》・武田信玄《たけだしんげん》がひきいたら、ふたたび栄光《えいこう》をとりもどすことができるのでしょうか？

「わっはっは！　信玄《しんげん》が監督《かんとく》になればこわいものなし！　1－7の負《ま》けを、14－1の勝《か》ちで倍返《ばいがえ》しじゃ！」

「すごい自信《じしん》ですね、所長《しょちょう》……」

「そもそもタローくん。ブラジルが最近《さいきん》、勝《か》てなくなった理由《りゆう》をどう考《かんが》えているのかな？」

ほかの国《くに》が強《つよ》くなったのも事実《じじつ》ですが、ブラジル自体《じたい》も弱《よわ》くなりました。その理由《りゆう》はネイマールのようなテクニックをほこるスター選手《せんしゅ》が減《へ》ったからです。

なぜ、スターが減《へ》ってしまったのでしょうか？

その理由《りゆう》は『欧州《おうしゅう》クラブの青田買《あおたが》い』が指摘《してき》されています。青田《あおた》とは、まだ稲《いね》が実《みの》っていない青々《あおあお》とした田《た》んぼのこと。その状態《じょうたい》で収穫《しゅうかく》の多《おお》さを予想《よそう》して田《た》んぼを買《か》いとることを青田買《あおたが》いと呼《よ》び、サッカーの場合《ばあい》は、まだ大人《おとな》になっていない若《わか》い才能《さいのう》をクラブが買《か》いとることをしめします。

これが問題《もんだい》なのです。まだ能力《のうりょく》がじゅうぶんにのびきっていない16～17歳《さい》くらいの選手《せんしゅ》が欧州《おうしゅう》クラブにいくと、きびしいプレッシャーにさらされ、フィジカルと戦術《せんじゅつ》ばかりをたたきこまれます。ブラジルらしいテクニックをのばせる環境《かんきょう》で、さいごまで育《そだ》てられる選《せん》手《しゅ》が少《すく》なくなりました。欧州《おうしゅう》クラブは大金《たいきん》をはらうので、家族《かぞく》に楽《らく》をさせてあげたい若者《わかもの》たちは、断《ことわ》ることができません。

ネイマールはめずらしい例《れい》でした。21歳《さい》までサントスというブラジルのクラブで育《そだ》てられ、有名《ゆうめい》になってからバルセロナへ移籍《いせき》しています。ブラジルでじっくりとみがきあげたテクニックは、バルセロナでもすぐに通用《つうよう》しました。『欧州《おうしゅう》クラブの青田買《あおたが》い』は、ブラジルを弱《よわ》くした大《おお》きな原因《げんいん》でした。

「なるほど。はやく海外《かいがい》にいくことが、かならずしもよいわけではないんですね」

「そのとおり。日本《にほん》の若手《わかて》にも同《おな》じことがいえるぞ。要注意《ようちゅうい》じゃな」

もうひとつの原因《げんいん》は、世界《せかい》のサッカーの変化《へんか》でした。昔《むかし》のサッカーとくらべると、現代《げんだい》サッカーはスピードが速《はや》く、運動量《うんどうりょう》も多《おお》いです。ブラジルは「美《うつく》しく勝《か》つ」のがモットーなので、華麗《かれい》なフェイントで相手《あいて》をだまし、楽《たの》しませて勝《か》とうとします。魅力的《みりょくてき》なスタイルじゃなければ、勝《か》っても批判《ひはん》されるのがブラジルでした。

しかし、現代《げんだい》サッカーは相手《あいて》にボールを持《も》たせず、はげしく寄《よ》せる『プレッシング』が主流《しゅりゅう》です。ブラジルに華麗《かれい》なフェイントをするよゆうをあたえてくれません。1-7で敗《やぶ》れたドイツは、まさにプレッシングからのショートカウンターを得意《とくい》とするチーム。ブラジルはそれに苦《くる》しめられました。

そんないまのブラジルを救《すく》えるのは、まさに武田信玄監督《たけだしんげんかんとく》なのです。

「渋柿《しぶがき》は渋柿《しぶがき》として食《た》べるべき。あまくすることなど小細工《こざいく》だ」と、信玄《しんげん》は自然《しぜん》のままを愛《あい》する人《ひと》でした。渋柿《しぶがき》は渋柿《しぶがき》らしく、ブラジルはブラジルらしく。

さらに信玄《しんげん》は現実的《げんじつてき》なタイプです。負《ま》けるはずのない戦《たたか》いに負《ま》けたとき、「天命《てんめい》」「運命《めい》」といってあきらめるのをきらい、「戦術《せんじゅつ》がわるいから負《ま》けた」と、現実的《げんじつてき》に考《かんが》えます。

「信玄《しんげん》なら、ブラジルらしさを失《うしな》わずに戦《たたか》うだろう。しかも現実的《げんじつてき》なので、ドイツをあなどらずに戦術《せんじゅつ》をねって、しんちょうに戦《たたか》える。そういう指揮官《しきかん》がブラジルには必要《ひつよう》なのじゃ」

「なるほど。長篠《ながしの》の戦《たたか》いでも信玄《しんげん》が生《い》きていたら、騎馬隊《きばたい》のよさをいかしつつ、織田《おだ》の鉄《てっ》砲隊《ぽうたい》をたおす戦術《せんじゅつ》を考《かんが》えたかもしれませんね……」

「個《こ》の力《ちから》をいかしつつ、戦術《せんじゅつ》で勝《か》つこと。サッカーでも永遠《えいえん》のテーマじゃ」

もしも、上杉謙信《うえすぎけんしん》がアルゼンチン代表《だいひょう》の監督《かんとく》だったら？
ズバリ！
正々堂々《せいせいどうどう》と全力《ぜんりょく》で戦《たたか》う謙信流《けんしんりゅう》で悲願《ひがん》の優勝《ゆうしょう》をはたせるか…!?

■もしも、上杉謙信《うえすぎけんしん》がアルゼンチン代表《だいひょう》の監督《かんとく》だったら？

「武田信玄《たけだしんげん》がブラジルの監督《かんとく》だったら、上杉謙信《うえすぎけんしん》はひとつしかないじゃろ？」

「アルゼンチンですよね」

「ご名答《めいとう》じゃ！　ブラジルのペレと、アルゼンチンのマラドーナ。おたがいに最高《さいこう》のサッカー選手《せんしゅ》は自分《じぶん》たちの国《くに》にいると、ファンはぜったいにゆずらん。永遠《えいえん》のライバルじゃ」

「南米《なんべい》のサッカーファンは本当《ほんとう》にアツいですよね」

「うむ。それにな、いまのアルゼンチンには謙信《けんしん》のような監督《かんとく》が必要《ひつよう》なのじゃ」

「おおっ。いつになく所長《しょちょう》がマジメに語《かた》るようになってきている。いいと思《おも》います！」

じつはいま、アルゼンチンのサッカーはひどいじょうきょうです。サッカー協会《きょうかい》の幹部《かんぶ》が不正《ふせい》をおこなったせいで、たくさんのお金《かね》が闇《やみ》に消《き》えていたことがあきらかになりました。そのため、アルゼンチン代表《だいひょう》が移動《いどう》する飛行機《ひこうき》のグレードが落《お》ちたり、なぜか空港《くうこう》で長時間待《ちょうじかんま》たされたり、さらにふだんなら練習相手《れんしゅうあいて》として準備《じゅんび》されるU《ユー》-20アルゼンチン代表《だいひょう》がくることができず、しかたなく地元《じもと》の大学生《だいがくせい》と練習試合《れんしゅうじあい》をしたり。そんなことがおきていました。

メッシをはじめとする選手《せんしゅ》たちは、激《げき》おこプンプン丸《まる》です。それでも一生懸命《いっしょうけんめい》に戦《たたか》い、ワールドカップでも、コパ・アメリカでも、何度《なんど》も決勝《けっしょう》にたどりつきました。しかし、近年《きんねん》はあと一歩《いっぽ》でタイトルをとれません。いつも決勝《けっしょう》で敗《やぶ》れて準優勝《じゅんゆうしょう》止《ど》まり。そんなことが4回《かい》もつづき、さすがのメッシも「なんで優勝《ゆうしょう》できないんだ……」とおちこみました。

そんなメッシに、一部《いちぶ》のアルゼンチンサポーターがきつい言葉《ことば》を投《な》げかけます。

「おまえなんかいらない！」

「バルセロナと同《おな》じようにプレーできないなら、代表《だいひょう》にくるな！」

傷《きず》ついたメッシは、2016年《ねん》のコパ・アメリカ決勝《けっしょう》で負《ま》けたあと、「僕《ぼく》の役目《やくめ》は終《お》わった。代表《だいひょう》を引退《いんたい》する！」といいました。しかし、数《すう》ヵ月後《げつご》に「やっぱり復帰《ふっき》する！」といいだしたのですが。それでも、サポーターに傷《きず》つけられた痛《いた》みと、アルゼンチンサッカー協会《きょうかい》への不信感《ふしんかん》はなくなっていません。

いまこそ、上杉謙信《うえすぎけんしん》のような誠実《せいじつ》な監督《かんとく》がアルゼンチンに必要《ひつよう》とされているのです。

「謙信《けんしん》は自分《じぶん》にきびしい男《おとこ》じゃ。義理《ぎり》を大切《たいせつ》にし、約束《やくそく》をやぶることはぜったいにない」

「信玄《しんげん》が周囲《しゅうい》から孤立《こりつ》して、塩《しお》の輸送《ゆそう》を止《と》められてこまったとき、ライバルの謙信《けんしん》が塩《しお》を送《おく》ってあげたこともありますよね」

「そのとおり。謙信《けんしん》はひきょうなやりかたをきらう。身内《みうち》にもきびしく、裏切《うらぎ》り者《もの》をゆるさない。国《くに》をまとめる強烈《きょうれつ》な力《ちから》があったのじゃ」

いま、アルゼンチン人《じん》でもっとも評価《ひょうか》を高《たか》めている監督《かんとく》に、アトレティコ・マドリードのディエゴ・シメオネがいます。彼《かれ》の座右《ざゆう》の銘《めい》は「一戦一戦《いっせんいっせん》」。さきのことを考《かんが》えず、常《つね》に目《め》の前《まえ》の試合《しあい》で全力《ぜんりょく》をつくす。それを大事《だいじ》にする監督《かんとく》です。

謙信《けんしん》もシメオネに似《に》たところがあります。昔《むかし》、謙信《けんしん》はこんな言葉《ことば》をのこしていました。

『信玄《しんげん》は目先《めさき》の勝《か》ちよりも将来《しょうらい》の勝《か》ちを大切《たいせつ》にする。それは国《くに》を多《おお》くとりたいという気持《きも》ちがあるからだ。しかし、私《わたし》は国《くに》をとる考《かんが》えはない。将来《しょうらい》の勝《か》ちも考《かんが》えない。目《め》の前《まえ》の一戦《いっせん》に勝《か》つことを、いつも心《こころ》がけている』

「なるほど。謙信《けんしん》はそういうタイプの人《ひと》だったんですね」

「いまのアルゼンチンは、目《め》の前《まえ》の一戦《いっせん》に勝《か》ちたいという、ピュアな気持《きも》ちが欠《か》けておる。

それは選手《せんしゅ》だけのせいではないが、やさしい監督《かんとく》ではひきしめることができん。きびしくて強烈《きょうれつ》なリーダーが、まわりの雑音《ざつおん》を消《け》し、選手《せんしゅ》を100パーセント試合《しあい》に集中《しゅうちゅう》させなきゃいかん。つまり……」

「つまり？」

「献身的《けんしんてき》に戦《たたか》え、ってことじゃ」

「ズコーッ！　マジメに語《かた》ってると思《おも》ったら、おやじギャグ！」

「おやじとはなんだ！　ワシは永遠《えいえん》の22歳《さい》、U《ユー》-23日本代表《にほんだいひょう》じゃ！」

「そのずうずうしさが、おやじなんですよ！」

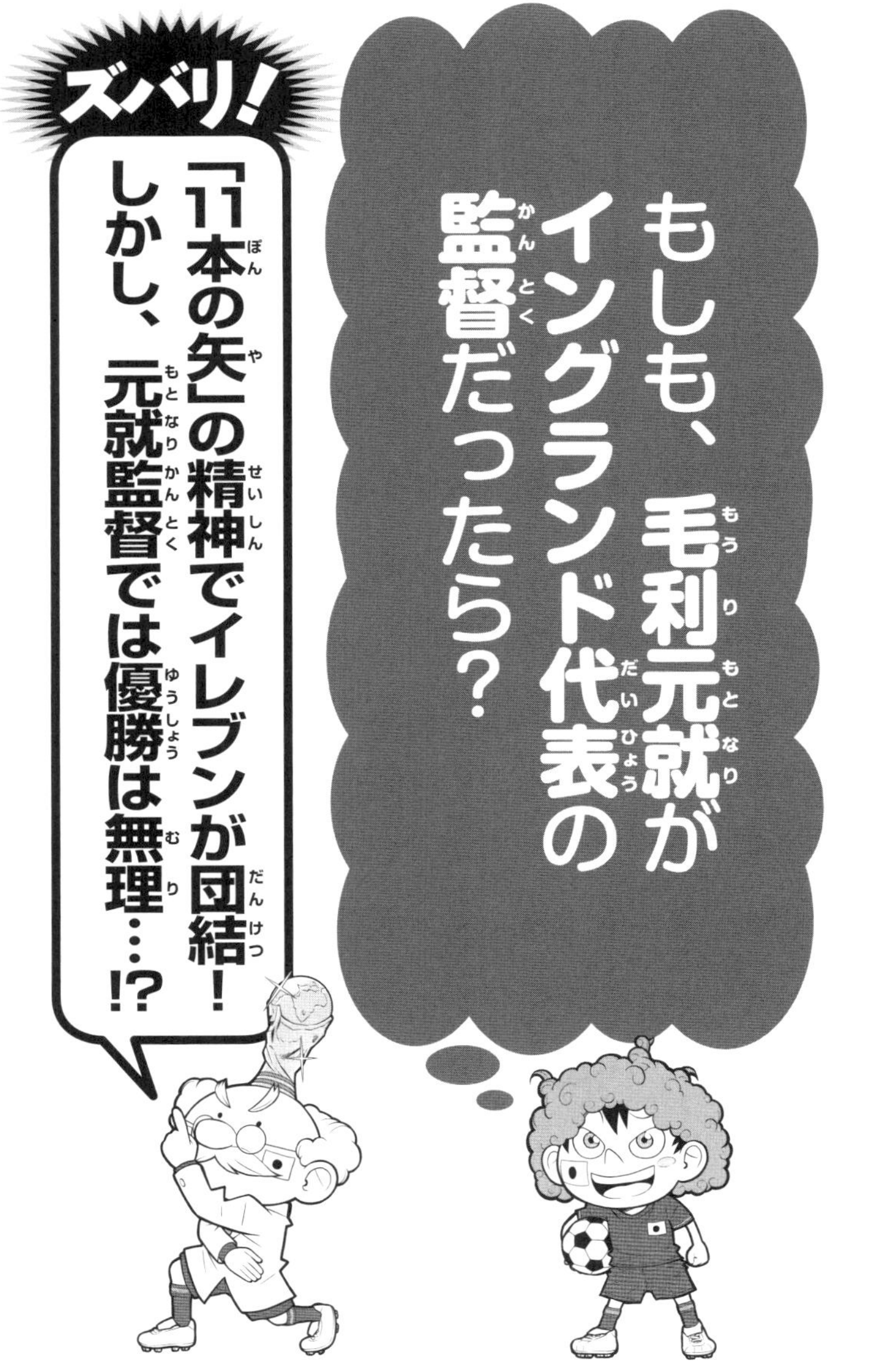
もしも、毛利元就《もうりもとなり》がイングランド代表《だいひょう》の監督《かんとく》だったら？
ズバリ！
「11本《ぽん》の矢《や》」の精神《せいしん》でイレブンが団結《だんけつ》！
しかし、元就監督《もとなりかんとく》では優勝《ゆうしょう》は無理《むり》…!?

■もしも、毛利元就《もうりもとなり》がイングランド代表《だいひょう》の監督《かんとく》だったら？

イングランドがワールドカップで優勝《ゆうしょう》したのは50年《ねん》も昔《むかし》のこと、１９６６年《ねん》でした。最《さい》近《きん》はぜんぜんパッとしません。２０１４年《ねん》はグループリーグで敗退《はいたい》しました。「イングランドは今年《ことし》も弱《よわ》いよ」と楽《たの》しそうにいうのは、いつもイングランド人《じん》です。彼《かれ》らは自虐《じぎゃく》ネタが大好《だいす》きですから。

ところが近年《きんねん》、プレミアリーグのクラブが育成《いくせい》に力《ちから》をいれたこともあり、イングランドも若《わか》くてよい選手《せんしゅ》が増《ふ》えてきました。それでも代表《だいひょう》チームが勝《か》てないのは、ずばり、監督《かんとく》のレベルが低《ひく》いからです。プレミアリーグは外国人監督《がいこくじんかんとく》ばかりで、イングランド人《じん》の監督《かんとく》はろくな人《ひと》がいません。

選手《せんしゅ》の能力《のうりょく》は高《たか》いので、弱小国《じゃくしょうこく》が相手《あいて》ならイングランドは圧倒《あっとう》して勝《か》ちますが、強豪《きょうごう》同《どう》士《し》の対戦《たいせん》になると、チーム戦術《せんじゅつ》のなさでまったく勝《か》てません。

どうすればチーム戦術《せんじゅつ》を高《たか》めることができるのでしょうか!?　そんなイングランドで、毛利元就《もうりもとなり》が監督《かんとく》をやるとしたら、やはり矢《や》を持《も》ってきて、アレをやるしかありませんよね？

「1本《ぽん》の矢《や》は……ポキッ！　かんたんに折《お》れる。2本《ほん》でも……折《お》れる。じつは3本《ぼん》でも……ふんっ！　がんばったら折《お》れる！　4本《ほん》でも……うりゃりゃ！　5本《ほん》でも折《お》れる！6本《ぽん》でも……7本《ほん》でも……じゅ、10本《ぽん》でも……！　しかし、11本《ぽん》まとめると折《お》れない！11人《にん》がしっかりと団結《だんけつ》してプレーすれば、イングランドは負《ま》けないのだ！」

「3本《ぼん》の矢《や》じゃなくて、11本《ぽん》の矢《や》？」

「しかたあるまい……3本《ぼん》の矢《や》ではサッカーにならんから、10本《ぽん》折《お》ってもらわんと。そうじゃな……こっそりポッキーにすりかえてくれ」

「いいんですか、それで」

元就《もとなり》はとても頭《あたま》がよく、智将《ちしょう》として知《し》られています。「はかりごと多《おお》くは勝《か》ち、少《すく》なきは負《ま》ける」という持論《じろん》があります。はかりごと、つまりチーム戦術《せんじゅつ》をイングランドにあたえ、強《つよ》くするには最適《さいてき》な監督《かんとく》でしょう。

ただし、イングランドはチーム戦術《せんじゅつ》以外《いがい》にも弱点《じゃくてん》がありました。それはメンタルが弱《よわ》いこと。後半《こうはん》にピンチをむかえると、負《ま》けて帰《かえ》ったときにどれだけ批判《ひはん》されるのか。わるいことばかりを考《かんが》えてしまいます。

逆《ぎゃく》にそんなことを気《き》にしないメンタルのタフな選手《せんしゅ》は、私生活《しせいかつ》を乱《みだ》しがち。素行《そこう》に問題《もんだい》があるタイプばかりです。お酒《さけ》が好《す》きだったり、タバコが好《す》きだったり、夜遊《よあそ》びが好《す》きだったり。好《す》きなものを好《す》きなだけ食《た》べて、ナイトクラブでよって暴《あば》れる選手《せんしゅ》もいます。

そんなイングランドだからこそ、元就《もとなり》の出番《でばん》！

元就《もとなり》は父親《ちちおや》や兄《あに》がアルコール中毒《ちゅうどく》でなくなったため、お酒《さけ》をいっさい飲《の》みませんでした。さらに『能《のう》や芸《げい》やなぐさめ、何《なに》も要《い》らず』といって、遊《あそ》びまわることもなく、ストイックにすごした戦国大名《せんごくだいみょう》です。

そんな元就《もとなり》なら、イングランドを勝負《しょうぶ》にてっする、アスリート集団《しゅうだん》に変《か》えてくれるはず。

「所長《しょちょう》！　元就《もとなり》が監督《かんとく》なら、イングランドもワールドカップで優勝《ゆうしょう》できそうですね！」

「うむ。そのとおり……いや、待《ま》てよ？　しまった、元就《もとなり》の最大《さいだい》の弱点《じゃくてん》を忘《わす》れておった！」

「え？　弱点《じゃくてん》ってなんですか？」

「元就《もとなり》は野心《やしん》がないのじゃ。『天下《てんか》を競望《きょうぼう》せず』といって、信長《のぶなが》や秀吉《ひでよし》のように天下人《てんかびと》になる野心《やしん》がなかった。元就監督《もとなりかんとく》では、優勝《ゆうしょう》は無理《むり》じゃ！」

「オーマイガッ！　所長《しょちょう》、もう一度監督《どかんとく》を選《えら》びなおしてください！」

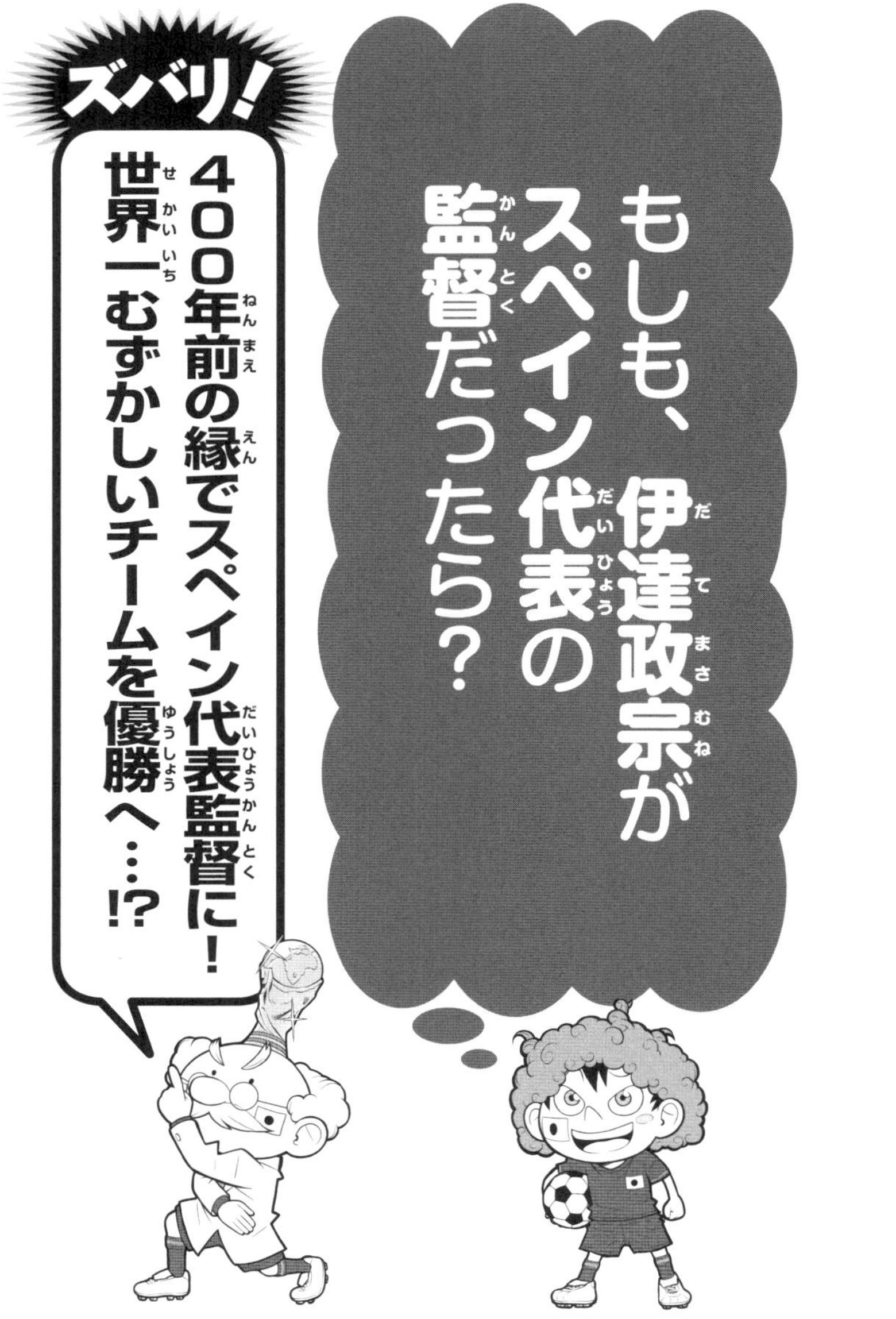
もしも、伊達政宗《だてまさむね》が
スペイン代表《だいひょう》の
監督《かんとく》だったら？
ズバリ！
400年前《ねんまえ》の縁《えん》でスペイン代表監督《だいひょうかんとく》に！
世界一《せかいいち》むずかしいチームを優勝《ゆうしょう》へ…!?

■もしも、伊達政宗《だてまさむね》がスペイン代表《だいひょう》の監督《かんとく》だったら？

「タローくん。伊達政宗《だてまさむね》といえば、どんなイメージがある？」

「ボクはやっぱり独眼竜《どくがんりゅう》ですね。子供《こども》のころに右目《みぎめ》を失明《しつめい》したけど、刀《かたな》のつばを眼帯代《がんたいが》わりにして、右目《みぎめ》にかけているのがカッコいいです」

「テレビや映画《えいが》ではそういうキャラクターになっておるな。政宗《まさむね》は戦国時代《せんごくじだい》の終《お》わりかけに生《う》まれたから、武田信玄《たけだしんげん》、織田信長《おだのぶなが》、豊臣秀吉《とよとみひでよし》よりも、かなり年下《としした》じゃ。もっとはやくに生《う》まれていたら、信長《のぶなが》や秀吉《ひでよし》とも互角《ごかく》に戦《たたか》えたほどの才能《さいのう》があったといわれておる」

「へ～そうなんですか！」

「江戸幕府《えどばくふ》ができてからも、仙台藩主《せんだいはんしゅ》としていろいろなことをやった。そのひとつが、スペインに慶長遣欧使節団《けいちょうけんおうしせつだん》を送《おく》りだしたことじゃ」

1613年《ねん》、政宗《まさむね》は貿易《ぼうえき》や同盟《どうめい》について話《はな》しあうため、家康《いえやす》の許可《きょか》をえて、家臣《かしん》の支倉常長《はせくらつねなが》をスペインにいかせました。交渉《こうしょう》は失敗《しっぱい》に終《お》わりましたが、日本《にほん》が初《はじ》めて公式《こうしき》にスペインへ送《おく》りだした使節《しせつ》として記録《きろく》にのこっています。

スペインとの関係《かんけい》をつくろうとした伊達政宗《だてまさむね》。その政宗《まさむね》が、もしもスペイン代表《だいひょう》の監督《かんとく》になったら、どんな才能《さいのう》を見《み》せるのでしょうか？

「じつはスペイン代表《だいひょう》は、世界一《せかいいち》むずかしいチームなのじゃ」

「え？　どういうことですか、所長《しょちょう》」

「それはスペインという国《くに》の問題《もんだい》でもあるのだが……」

スペインは地方《ちほう》ごとの色《いろ》が強《つよ》い国《くに》です。それぞれに民族《みんぞく》や文化《ぶんか》が異《こと》なります。また、言葉《ことば》もちがうので、スペインの国歌《こっか》には歌詞《かし》がありません。スペイン代表《だいひょう》の選手《せんしゅ》は、試合前《しあいまえ》のセレモニーでだれも国歌《こっか》をうたいませんよね。それはうたう気《き》がないのではなく、歌詞《かし》がないからなのです。

地方《ちほう》によって民族《みんぞく》や文化《ぶんか》がちがうのは、どんな国《くに》でも同《おな》じです。ただし、スペインの場合《ばあい》は１９３６年《ねん》ごろ、いまからわずか80年《ねん》くらい前《まえ》に大《おお》きな内戦《ないせん》を経験《けいけん》しました。このとき、バルセロナがあるカタルーニャ地方《ちほう》や、ビルバオがあるバスク地方《ちほう》は、フランコという将軍《しょうぐん》がひきいるマドリードの独裁政権《どくさいせいけん》から弾圧《だんあつ》を受《う》け、自分《じぶん》たちの言葉《ことば》をしゃべることさえ禁止《きんし》されました。マドリードの言葉《ことば》、文化《ぶんか》をつかいなさいと強制《きょうせい》されたのです。

そんな状態《じょうたい》から解放《かいほう》されたのは、フランコが死《し》んだ１９７５年《ねん》以降《いこう》のこと。ほんの40年《ねん》ほど前《まえ》です。カタルーニャやバスク地方《ちほう》の人々《ひとびと》は、自分《じぶん》たちをおさえつけたマドリード中央政府《ちゅうおうせいふ》が大《だい》きらいです。だから、ずっとスペインからの独立運動《どくりつうんどう》をつづけています。レアル・マドリードとバルセロナの『クラシコ』が、異常《いじょう》なほどはげしいライバル関係《かんけい》にあるのも、近代《きんだい》の歴史《れきし》に影響《えいきょう》されているのです。

そんなわけで、スペイン代表《だいひょう》の試合《しあい》があっても、バルセロナやビルバオではだれも興味《きょうみ》がありません。彼《かれ》らにとって「スペイン人《じん》」とはマドリードの人《ひと》たちのこと。自分《じぶん》たちをスペイン人《じん》とさえ思《おも》っていません。そのため、代表戦《だいひょうせん》のテレビ視聴率《しちょうりつ》は本当《ほんとう》に低《ひく》いです。

そんなじょうきょうで『スペイン代表《だいひょう》』をつくるのが、どれほどむずかしいことか。わかってもらえるでしょうか？

「スペインのために本気《ほんき》で戦《たたか》おうという選手《せんしゅ》も少《すく》なそうですね……。あれ？　でも、スペイン代表《だいひょう》は2008年《ねん》のユーロからワールドカップを含《ふく》めて、3回連続《かいれんぞく》で優勝《ゆうしょう》しましたよね？　なぜ、強《つよ》くなったんですか？」

「理由《りゆう》のひとつは、FC《エフシー》バルセロナが成功《せいこう》してよい選手《せんしゅ》が増《ふ》えたこと。そして、もうひとつが監督《かんとく》の存在《そんざい》じゃ。たとえばデル・ボスケ監督《かんとく》はレアル・マドリード出身《しゅっしん》だが、バルセロナとも仲《なか》よくしたいと考《かんが》える温厚《おんこう》な人物《じんぶつ》だった。レアルのカシージャスやセルヒオ・ラモスが、バルセロナのシャビ・エルナンデスやセルヒオ・ブスケツといった選手《せんしゅ》とあらそいになると、すぐに話《はな》しあった。『レアル、バルサという前《まえ》に、おまえたちはサッカー選《せん》手《しゅ》であり、父《ちち》と母《はは》から生《う》まれた息子《むすこ》なのだ。親《おや》とボールを裏切《うらぎ》るようなことだけはするな』といって、あらそいをおさめたのじゃ」

「うわ〜。デル・ボスケって、めちゃくちゃいい人《ひと》ですね。そうやってバランスをとってくれたから、スペイン代表《だいひょう》に一体感《いったいかん》が生《う》まれたんですね」

「そのとおり。そこで、伊達政宗《だてまさむね》じゃ」

「（忘《わす》れてた……）」

『仁《じん》（いたわる心《こころ》）に過《す》ぐれば弱《よわ》くなる。義《ぎ》（正《ただ》しい心《こころ》）に過《す》ぐれば固《かた》くなる。礼《れい》（うやまうこと）に過《す》ぐれば諂《へつらい》となる。智《ち》（かしこさ）に過《す》ぐれば嘘《うそ》を吐《つ》く。信《しん》（信《しん》じる心《こころ》）に過《す》ぐれば損《そん》をする』

つまり、政宗《まさむね》は何事《なにごと》もやりすぎ、かたよりすぎはよくないと、バランスを大事《だいじ》にしていました。その感覚《かんかく》があったから、秀吉《ひでよし》や家康《いえやす》ともうまくバランスをとることができたわけですね。

政宗《まさむね》のバランス感覚《かんかく》なら、世界《せかい》一《いち》むずかしいスペイン代表《だいひょう》をまとめあげ、デル・ボスケのように優勝《ゆうしょう》させることができるでしょう。

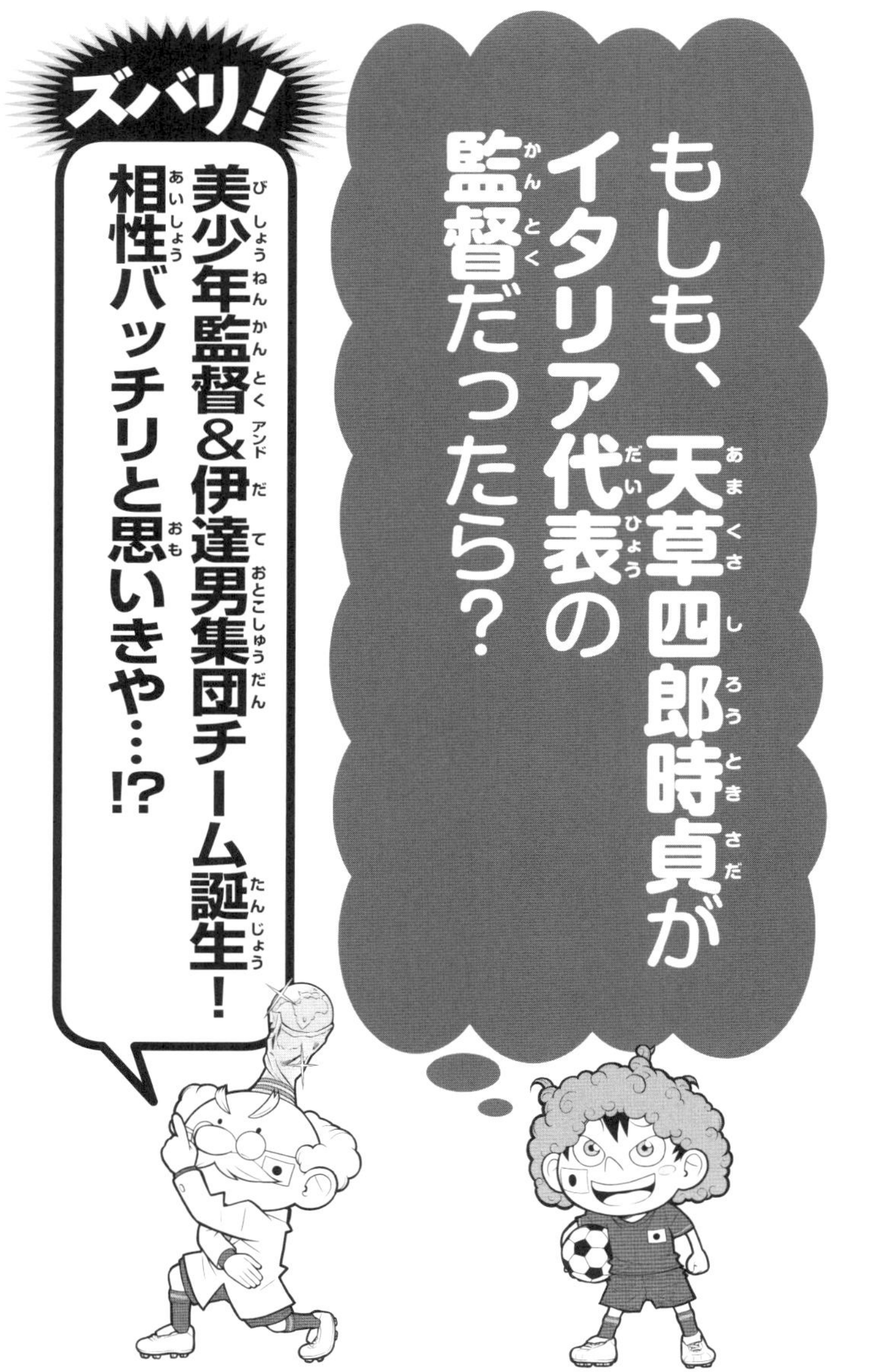

もしも、天草四郎時貞《あまくさしろうときさだ》が
イタリア代表《だいひょう》の
監督《かんとく》だったら？
ズバリ！
美少年《びしょうねん》監督《かんとく》＆《アンド》伊達男集団《だておとこしゅうだん》チーム誕生《たんじょう》！
相性《あいしょう》バッチリと思《おも》いきや…!?

■もしも、天草四郎時貞《あまくさしろうときさだ》がイタリア代表《だいひょう》の監督《かんとく》だったら？

江戸時代初期《えどじだいしょき》の1637年《ねん》、長崎《ながさき》でおきた農民一揆《のうみんいっき》『島原《しまばら》の乱《らん》』の指導者《しどうしゃ》をつとめたのは、当時《とうじ》16歳《さい》の天草四郎時貞《あまくさしろうときさだ》でした。

キリシタン（キリスト教徒《きょうと》）のあいだで圧倒的《あっとうてき》なカリスマがあった天草四郎《あまくさしろう》は、農民《のうみん》たちの心《こころ》のよりどころになり、戦場《せんじょう》では十字架《じゅうじか》をかかげて反乱軍《はんらんぐん》をひきいたといわれています。顔立《かおだ》ちはイケメンで、かなりの美少年《びしょうねん》でした。

そんな天草四郎《あまくさしろう》が、もしも農民軍《のうみんぐん》ではなく、伊達男集団《だておとこしゅうだん》のイタリア代表《だいひょう》をひきいたら、どんなチームになるのでしょうか？

「これはダメじゃ！　まったくあわない！」

「所長《しょちょう》、どういうことですか？　イケメン同士《どうし》で、ばっちりの相性《あいしょう》じゃないですか？」

「タローくんはイタリアをわかっておらん。あの男《おとこ》たちの性格《せいかく》を……」

イタリア人《じん》といえば、陽気《ようき》ではなやかな明《あか》るいイメージがあるかもしれません。しかし、彼《かれ》らは勝負《しょうぶ》ごとに関《かん》して、異常《いじょう》なほど負《ま》けずぎらいです。勝《か》つためには退屈《たいくつ》でつまらない試合《しあい》でもかまわない。ブラジルのように「美《うつく》しくプレーして勝《か》て」なんてことはいいません。勝《か》つことがすべて。むしろ、1‐0で勝《か》つのがもっとも美《うつく》しいという『1‐0の美学《びがく》』があります。

そんなイタリアでは、サッカーの戦術《せんじゅつ》をかなりこまかく、つきつめて研究《けんきゅう》します。2010年《ねん》から2014年《ねん》まで日本代表《にほんだいひょう》の監督《かんとく》をつとめたザッケローニは、「1メートルの距離《きょり》でつめろ！」と、こまかく数字《すうじ》で指示《しじ》していました。イタリアの監督《かんとく》は、みんなが戦術家《せんじゅつか》です。イングランドとは正反対《せいはんたい》なのです。

「所長《しょちょう》、ボクはイタリア人《じん》って、もっと底抜《そこぬ》けに明《あか》るくて、夢《ゆめ》ばかり見《み》るタイプかと思《おも》っていましたよ。あと、ナンパ好《ず》きな人《ひと》たち」

「それはイタリア人《じん》というより、テレビでおなじみのパンツェッタ・ジローラモさんのイメージじゃろ。一般的《いっぱんてき》にイタリア人《じん》は、もっと現実的《げんじつてき》にものを考《かんが》えるタイプが多《おお》いぞ」

「そうなんですか！　だまされた！　……ところで、そんなイタリア代表《だいひょう》と、天草四郎《あまくさしろう》がなぜあわないんですか？」

島原《しまばら》の乱《らん》で、実際《じっさい》の指揮《しき》をとったのは、浪人《ろうにん》や庄屋《しょうや》などの大人《おとな》だったといわれています。16歳《さい》の天草四郎《あまくさしろう》は、戦術《せんじゅつ》をほとんど知《し》りません。不思議《ふしぎ》なカリスマで農民《のうみん》たちのやる気《き》をあげるために、指導者《しどうしゃ》にさせられたというわけです。戦術大国《せんじゅつたいこく》イタリアを指揮《しき》するには、力不足《ちからぶそく》ですね。

「天草四郎《あまくさしろう》のようなタイプは、欧州《おうしゅう》よりも、南米《なんべい》の代表《だいひょう》チームをひきいたほうがいいかもしれんな」

「ブラジルとか、アルゼンチンとか？」

「そうじゃ。南米《なんべい》はチーム戦術《せんじゅつ》でガチガチにしばるよりも、個人《こじん》のかけひきで自由《じゆう》にプレーするのが得意《とくい》な選手《せんしゅ》が多《おお》い。そういう野性的《やせいてき》なチームのほうが、天草四郎《あまくさしろう》にはあうかもしれん」

「なるほど。イタリアとは、水《みず》と油《あぶら》のようですね……」

もしも、坂本龍馬《さかもとりょうま》が
オランダ代表《だいひょう》の
監督《かんとく》だったら？
ズバリ！
衝突《しょうとつ》のたえない個性派集団《こせいはしゅうだん》をまとめて
新生《しんせい》オランダの船出《ふなで》じゃきに…!?

■もしも、坂本龍馬《さかもとりょうま》がオランダ代表《だいひょう》の監督《かんとく》だったら？

「薩摩《さつま》だ、長州《ちょうしゅう》だといっている時代《じだい》ではないぜよ！」

小《ちい》さなあらそいにこだわらず、日本《にほん》のあるべき姿《すがた》にみちびいた坂本龍馬《さかもとりょうま》は、明治維新《めいじいしん》の立《た》て役者《やくしゃ》のひとりです。いつも世界《せかい》へのひろい視野《しや》を持《も》っていました。蘭学《らんがく》やオランダ語《ご》を学《まな》び、海外《かいがい》へいく意志《いし》も強《つよ》かったですが、けっきょく、龍馬《りょうま》は一度《ど》も日本《にほん》をでることができないまま、その生涯《しょうがい》を閉《と》じます。

もしも龍馬《りょうま》がオランダ代表《だいひょう》の監督《かんとく》になったら、龍馬《りょうま》と外国人《がいこくじん》チームは、どんな化学反応《かがくはんのう》をおこすのでしょうか？

「タローくん、オランダ人《じん》の性格《せいかく》はわかりやすいぞ。彼《かれ》らは冒険心《ぼうけんしん》と探究心《たんきゅうしん》が強《つよ》い。常《つね》に人《ひと》とちがうことをやりたがる。あたらしもの好《ず》きの発明家《はつめいか》が多《おお》いのもオランダのとくちょうじゃな」

「それはバルセロナにポゼッション革命《かくめい》をおこした、クライフも同《おな》じですよね？」

「そのとおり。クライフもオランダ人《じん》だからな」

時代《じだい》のさきをゆく龍馬《りょうま》の視野《しや》のひろさと、あたらしもの好《ず》きのオランダ人《じん》は、価値観《かちかん》がばっちりあうでしょう。みんなをアッとおどろかせるような戦術《せんじゅつ》やスタイルを、彼《かれ》ならつくりだすことができそうです。

ところが、オランダには決定的《けっていてき》な弱点《じゃくてん》がありました。それはあたらしいものが好《す》きな反面《はんめん》、とても飽《あ》きっぽく、めちゃくちゃ我《が》が強《つよ》いことです。

いつも自分《じぶん》が正《ただ》しいと思《おも》っているので、いいあらそいになると一歩《いっぽ》もひきません。自己《じこ》中心的《ちゅうしんてき》であり、チームのためにあせをかく選手《せんしゅ》が少《すく》ないのです。たとえば2012年《ねん》ユーロでは、初戦《しょせん》でデンマークに負《ま》けたあと、ロッカールームで選手《せんしゅ》たちが責任《せきにん》のなすりあいで大《おお》ゲンカ。そのままグループリーグで敗退《はいたい》しました。

勝《か》ちつづけているあいだはよいのですが、我《が》が強《つよ》いオランダ人《じん》は、負《ま》けるとすぐに人《ひと》のせいにして、ロッカールームが荒《あ》れます。初戦《しょせん》に負《ま》けたら、2戦目《せんめ》と3戦目《せんめ》でとりかえせばいいのに、チームとしてまとまることができないのがオランダのとくちょうです。だから、安定感《あんていかん》がないのです。

「そこで、龍馬監督《りょうまかんとく》がオランダに必要《ひつよう》なのじゃ！　タローくん、龍馬《りょうま》のいちばんの功績《こうせき》としてたたえられているのは、なにかわかるか？」

「薩長同盟《さっちょうどうめい》ですか！」

「そのとおり！」

ふるいしがらみや考《かんが》えかたにとらわれず、龍馬《りょうま》は犬猿《けんえん》の仲《なか》だった薩摩《さつま》と長州《ちょうしゅう》に、同盟《どうめい》をむすばせることに成功《せいこう》します。我《が》の強《つよ》い薩摩《さつま》と長州《ちょうしゅう》をまとめることは、龍馬《りょうま》にしかできなかったでしょう。

そう。薩長同盟《さっちょうどうめい》をまとめた龍馬《りょうま》なら、きっとオランダ代表《だいひょう》をまとめることもできるはず。

「おれは議論《ぎろん》をせん。議論《ぎろん》に勝《か》っても、人《ひと》の生《い》きかたは変《か》えられぬ」

龍馬《りょうま》にとって、目先《めさき》のケンカの勝敗《しょうはい》はどうでもいいこと。大切《たいせつ》なのはチームが勝《か》つことです。そうやって最終目標《さいしゅうもくひょう》を見《み》すえ、オランダを栄光《えいこう》へとみちびくでしょう。

ちなみにオランダ代表《だいひょう》は、強豪国《きょうごうこく》として有名《ゆうめい》ですが、意外《いがい》にも一度《ど》もワールドカップで優勝《ゆうしょう》したことがありません。最近《さいきん》は自国《じこく》リーグも元気《げんき》がなく、２０１６年《ねん》ユーロは予選《よせん》で敗退《はいたい》しました。オランダのサッカーは現在《げんざい》、下降線《かこうせん》をたどっています。

そんなオランダに龍馬《りょうま》監督《かんとく》が就任《しゅうにん》したら、おもしろいと思《おも》いませんか!?　彼《かれ》ならこんなことをいうかもしれません。

「オランダを今《いま》一度《ど》、洗濯《せんたく》いたしもうしそうろう」

「所長《しょちょう》、それは龍馬《りょうま》の有名《ゆうめい》なセリフ『日本《にほん》を今《いま》一度《ど》洗濯《せんたく》いたしもうしそうろう』ですね！」

「そうじゃ。ピカピカに生《う》まれ変《か》わった新生《しんせい》オランダが、どんなサッカーをするか楽《たの》しみじゃ！」

もしも、西郷隆盛《さいごうたかもり》がドイツ代表《だいひょう》の監督《かんとく》だったら？
ズバリ！
質実剛健《しつじつごうけん》の男《おとこ》。西郷隆盛《さいごうたかもり》監督《かんとく》！
人柄《ひとがら》は最高《さいこう》だが、はたして結果《けっか》は…!?

■もしも、西郷隆盛《さいごうたかもり》がドイツ代表《だいひょう》の監督《かんとく》だったら？

「西郷隆盛《さいごうたかもり》が育《そだ》った薩摩《さつま》では、義理人情《ぎりにんじょう》を大切《たいせつ》にし、いさぎよく生《い》きろと教《おし》えられたらしい。『質実剛健《しつじつごうけん》』を心《こころ》がけるそうじゃ」

「所長《しょちょう》、質実剛健《しつじつごうけん》ってなんですか？」

「飾《かざ》り気《け》はなくても、中身《なかみ》が充実《じゅうじつ》し、心身《しんしん》がたくましい様子《ようす》のことじゃな」

質実剛健《しつじつごうけん》は、薩摩《さつま》だけでなく、ドイツ人《じん》の性格《せいかく》をあらわす言葉《ことば》としても、よく用《もち》いられます。明治維新《めいじいしん》のキープレーヤー、薩摩《さつま》の西郷隆盛《さいごうたかもり》がドイツの監督《かんとく》だったら、はたして成功《せいこう》するのでしょうか？

サッカーのドイツ代表《だいひょう》は、西《にし》ドイツの時代《じだい》から強豪国《きょうごうこく》として知《し》られていました。しかし、90年代《ねんだい》ごろから徐々《じょじょ》に弱体化《じゃくたいか》し、２０００年《ねん》ユーロでグループリーグ敗退《はいたい》に終《お》わります。

「いよいよドイツはヤバい」というふんいきになりました。

なぜ、ドイツはヤバかったのでしょう？

シュート決定力《けっていりょく》とＧＫ《ゴールキーパー》のセーブ能力《のうりょく》を武器《ぶき》に、ドイツは勝負《しょうぶ》どころで競《せ》り勝《か》ち、ワールドカップの優勝《ゆうしょう》カップをかかげてきました。ところが、ドイツは成功《せいこう》にあぐらをかき、自分《じぶん》たちの質《しつ》を高《たか》める冒険心《ぼうけんしん》に欠《か》けていました。そのうち、対戦《たいせん》チームとの技術《ぎじゅつ》や中盤《ちゅうばん》のコントロールの差《さ》がどんどんひらいてしまい、もはや決定力《けっていりょく》とセーブだけでは、どうにもカバーできない差《さ》になってしまったのです。

成功《せいこう》した人《ひと》たちは、かならずつぎの失敗《しっぱい》をひきおこします。ドイツがヤバいのは、成功《せいこう》に自信《じしん》を持《も》ちすぎて、進化《しんか》を止《と》めてしまったことでした。

ところが、２０００年《ねん》の失敗《しっぱい》から14年《ねん》の月日《つきひ》が流《なが》れ、ドイツは２０１４年《ねん》のワールドカップで優勝《ゆうしょう》をはたします。それはぐうぜんでもなんでもなく、ドイツが自分《じぶん》たちのサッカーを改革《かいかく》したことの成果《せいか》でした。

ドイツサッカー協会《きょうかい》がとりくんだのは、選手育成《せんしゅいくせい》の改革《かいかく》です。まず、全国《ぜんこく》に４００もの育成《いくせい》センターをつくり、才能《さいのう》のある選手《せんしゅ》をすぐにピックアップできるシステムをつくりました。その育成《いくせい》センターの指導者《しどうしゃ》は、しばしば街《まち》クラブを訪問《ほうもん》し、科学的《かがくてき》な最先端《さいせんたん》のサッカー指導《しどう》を教《おし》えつつ、ふるい指導者《しどうしゃ》のまちがったやりかたを指摘《してき》していきます。

昔《むかし》のドイツは、精神論《せいしんろん》の指導《しどう》でした。とにかく気持《きも》ちが大事《だいじ》。「森《もり》を走《はし》れ」とよくいわれ、選手《せんしゅ》たちは近《ちか》くの森《もり》へ走《はし》りにいきます。現代《げんだい》のサッカー理論《りろん》では、マラソンをしても、サッカーはうまくならないと考《かんが》えられています。ボールにさわらず、一定《いってい》のペースでスピードに変化《へんか》がないまま走《はし》るシーンは試合《しあい》に存在《そんざい》しないからです。試合《しあい》でやらないことを練習《れんしゅう》しても意味《いみ》がありません。

しかし、昔《むかし》のやりかたになれてしまった人《ひと》もいます。森《もり》のなかをマラソンすると、「あ～練習《れんしゅう》した！」という気持《きも》ちになり、充実《じゅうじつ》して試合《しあい》をむかえられるので、「やっぱり森《もり》がいい！」と主張《しゅちょう》したそうです。

そんなふるいやりかたもありましたが、ドイツは外国《がいこく》から学《まな》んだ専門的《せんもんてき》な知識《ちしき》をもとに、指導《しどう》をどんどん近代的《きんだいてき》に変《か》えていくことになります。

もちろん、指導《しどう》の質《しつ》はあがりましたが、その一方《いっぽう》で、ドイツには時代《じだい》の波《なみ》に乗《の》りきれない、ふるいタイプの指導者《しどうしゃ》がたくさんいました。サッカー協会《きょうかい》から「こうだ！」とおしつけられ、とまどうこともあったそうです。

変《か》わったのは、育成《いくせい》の指導《しどう》だけではありません。戦術《せんじゅつ》も変《か》わりました。昔《むかし》のドイツのストライカーは、エゴが強《つよ》く、わがままで、シュートを打《う》ってきめるだけでした。ところが、2006年《ねん》からドイツ代表《だいひょう》をひきいたレーヴ監督《かんとく》は「現代《げんだい》サッカーは11人《にん》がいっしょに戦《たたか》わなければ勝《か》てない」と、ストライカーにも守備《しゅび》やおとりの動《うご》きなど、いろいろなことをもとめます。「おれは点《てん》だけとる！」と、エゴが強《つよ》すぎるストライカーは、どんどんチームからはずしました。

近代化《きんだいか》するドイツサッカーと、一方《いっぽう》で、それに乗《の》りおくれる少数派《しょうすうは》の人《ひと》たち。そんなドイツを西郷隆盛《さいごうたかもり》がひきいたら、どうなるか……。

「これはいかん。西郷《さいごう》では失敗《しっぱい》するかもしれんな」

「所長《しょちょう》、なぜですか？」

「日本《にほん》さいごの内戦《ないせん》といわれておる、西南戦争《せいなんせんそう》を知《し》っておるか？　これはあたらしい時代《じだい》にとりのこされた武士《ぶし》たちの不満《ふまん》を、西郷隆盛《さいごうたかもり》が受《う》け止《と》めておこした反乱《はんらん》だった。西郷《さいごう》は民衆《みんしゅう》ひとりひとりに寄《よ》りそうタイプじゃ。だから、西南戦争《せいなんせんそう》をおこした」

「……ということは」

「西郷《さいごう》がドイツをひきいると、ふるい指導者《しどうしゃ》や選手《せんしゅ》たちの気持《きも》ちに、寄《よ》りそいすぎる。人情家《にんじょうか》の西郷《さいごう》に彼《かれ》らを切《き》り捨《す》てることはできないだろう」

「人柄《ひとがら》は最高《さいこう》だけど、チームが結果《けっか》をだすこととは別《べつ》なんですね……」

もしも、ペリーが
アメリカ代表《だいひょう》の
監督《かんとく》だったら？

ズバリ！

日本《にほん》を開国《かいこく》させたペリー監督《かんとく》はアメリカ
サッカーの歴史《れきし》のトビラをひらけるか…!?

■もしも、ペリーがアメリカ代表《だいひょう》の監督《かんとく》だったら？

長《なが》い歴史《れきし》のなかで、欧州《おうしゅう》と南米以外《なんべいいがい》の国《くに》がワールドカップで優勝《ゆうしょう》したことは一度《ど》もありません。それをくつがえす国《くに》として、メキシコやアフリカ諸国《しょこく》と共《とも》に、アメリカを候補《こうほ》におす人《ひと》は少《すく》なくないでしょう。

もしも、ペリーがアメリカ代表《だいひょう》の監督《かんとく》になったら、そんな歴史《れきし》のトビラさえも、ひらかせてしまうのでしょうか？

アメリカ代表《だいひょう》のとくちょうは、11人全員《にんぜんいん》がよく走《はし》り、ハードワークすることです。ワールドカップでもそのとくちょうをいかし、ほぼ毎大会《まいたいかい》のようにグループリーグ突破《とっぱ》を達成《たっせい》しています。

しかし、問題《もんだい》はそのさきでした。強豪国《きょうごうこく》を相手《あいて》にどうやって勝《か》ちすすめばいいのでしょうか？

「アメリカ代表《だいひょう》にはワールドクラスの個《こ》の力《ちから》がない。チームとしてどう戦《たたか》うかが重要《じゅうよう》じゃ」

「そういう意味《いみ》では日本《にほん》と似《に》ていますね」

「たしかに、そうじゃな。アメリカといえば身体《からだ》の大《おお》きいスポーツ選手《せんしゅ》が多《おお》いが、そういう選手《せんしゅ》は野球《やきゅう》やバスケットボール、アメフトへ流《なが》れるから、サッカーのアメリカ代表《だいひょう》は意《い》外《がい》と小《ちい》さかったりする。やはり日本《にほん》と似《に》ておるな」

個《こ》の力《ちから》がなければ、チームとしていかに戦《たたか》うかが重要《じゅうよう》です。

ペリーは黒船《くろふね》から大砲《たいほう》をうちまくるイメージですが、じつは相手《あいて》のことをよく研究《けんきゅう》する戦略家《せんりゃくか》でした。日本《にほん》のこともあらかじめ研究《けんきゅう》し、日本人《にほんじん》に開国《かいこく》をせまるためには、友好《ゆうこう》よりも、大砲《たいほう》をうって脅迫《きょうはく》したほうが効《き》くと考《かんが》えました。また、幕府《ばくふ》をおとずれるときも、日本人《にほんじん》は肩書《かたが》きに弱《よわ》いため、できるだけ長《なが》い肩書《かたが》きを用意《ようい》していったそうです。

ペリーは用意周到《よういしゅうとう》です。アメリカ代表《だいひょう》をただ走《はし》らせるだけではなく、相手《あいて》の弱点《じゃくてん》をつくために、イヤらしい戦術《せんじゅつ》を考《かんが》えそうです。

「アメリカは一生懸命《いっしょうけんめい》に戦《たたか》うから好感《こうかん》を持《も》てるチームだが、戦《たたか》いかたが正直《しょうじき》すぎる。最初《さいしょ》からさいごまで走《はし》りっぱなしじゃ。そういう意味《いみ》では、かけひきがうまいペリーが監督《かんとく》だったらおもしろいな」

「アメリカは化《ば》けそうですね」

「もともとがスポーツ大国《たいこく》だから、アメリカは不気味《ぶきみ》な存在《そんざい》じゃのう」

第《だい》4章《しょう》　空想選手編《くうそうせんしゅへん》

世界最速《せかいさいそく》の男《おとこ》、二刀流《にとうりゅう》の男《おとこ》、霊長類最強《れいちょうるいさいきょう》の女《おんな》、ノーベル賞《しょう》をとった博士《はかせ》。サッカー以外《いがい》にも、特別《とくべつ》な才能《さいのう》を持《も》っている人《ひと》はたくさんおる。もしも、あの金《きん》メダリストがサッカー選手《せんしゅ》だったら、どんなプレーをするのか？　もしも、あの野球選手《やきゅうせんしゅ》がサッカーをやっていたら、かつやくできるのか？

ふふっ。競技《きょうぎ》がちがうから、かならずしもうまくいくとはかぎらんな。では、どうすればうまくいくのか？　ポジションは？　役割《やくわり》は？　それを考《かんが》えてみようではないか！

人類《じんるい》みんながサッカーしたらどんな選手《せんしゅ》が誕生《たんじょう》するかな？

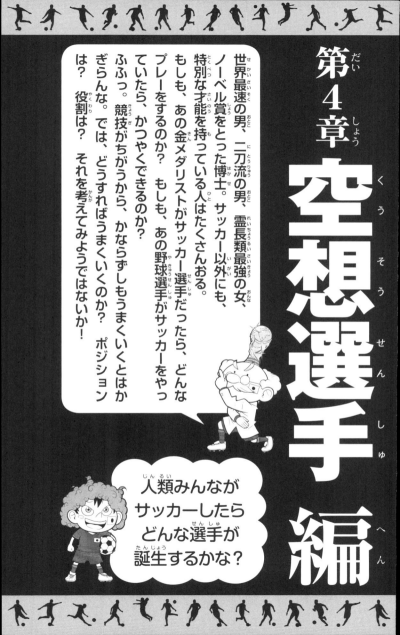

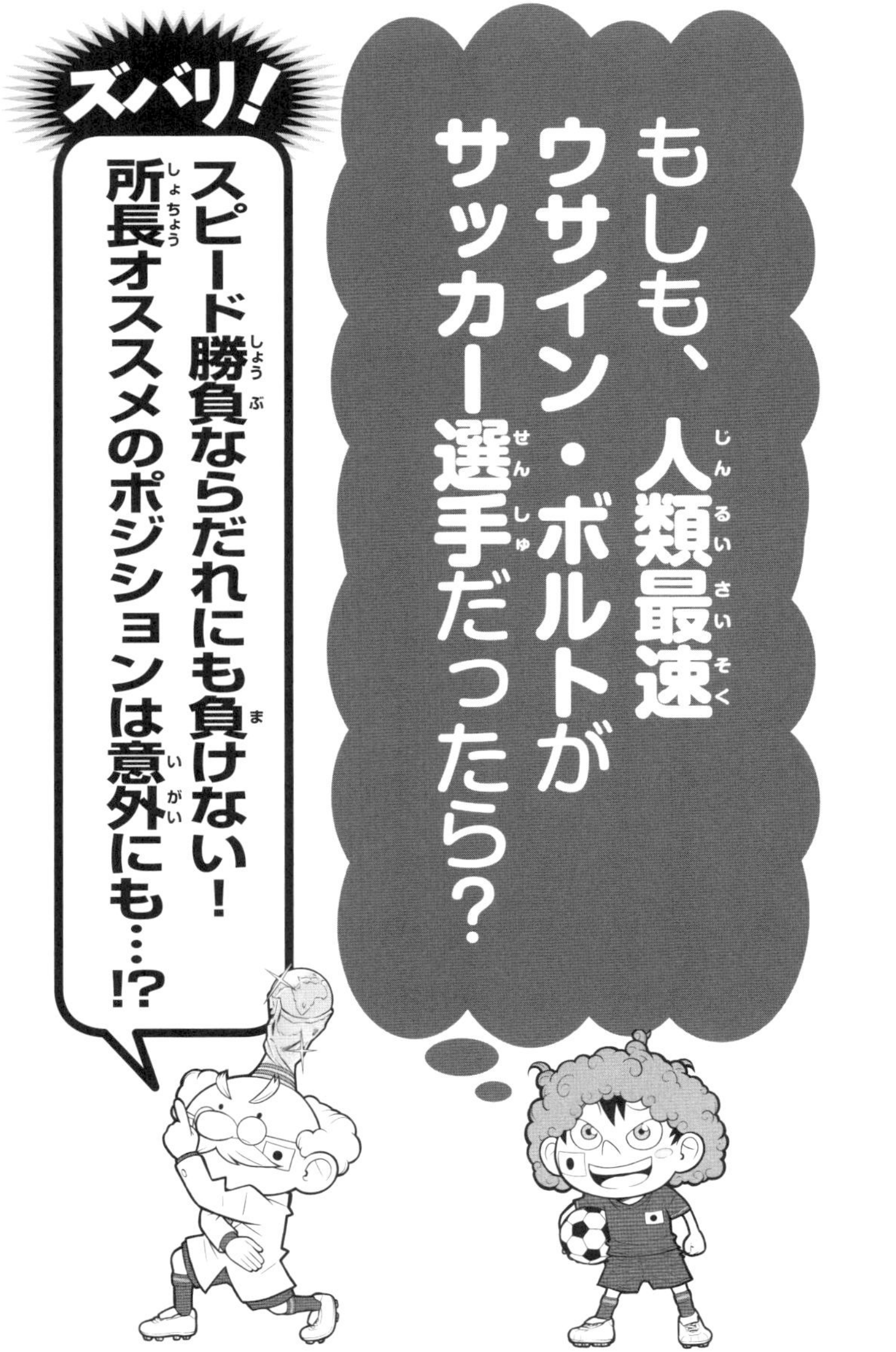
もしも、人《じん》類《るい》最《さい》速《そく》
ウサイン・ボルトが
サッカー選《せん》手《しゅ》だったら？
ズバリ！
スピード勝《しょう》負《ぶ》ならだれにも負《ま》けない！
所《しょ》長《ちょう》オススメのポジションは意《い》外《がい》にも…!?

もしも、人類最速《じんるいさいそく》ウサイン・ボルトがサッカー選手《せんしゅ》だったら?

ジャマイカの陸上選手《りくじょうせんしゅ》ウサイン・ボルトは、100メートル9秒《びょう》58で走《はし》ることができる「人類最速《じんるいさいそく》の男《おとこ》」です。

サッカー界《かい》で足《あし》が速《はや》い人《ひと》といえば、アリエン・ロッベンが100メートル10秒《びょう》9、セオ・ウォルコットは10秒《びょう》4。日本《にほん》では長友佑都《ながともゆうと》も10秒《びょう》8をだしたことがあります。ちなみにクリスティアーノ・ロナウドやメッシも足《あし》が速《はや》いですが、直線《ちょくせん》のスピードはそれほどでもなく、11秒《びょう》くらいだろうといわれています。

しかし、さすがはボルトですね。スピード自慢《じまん》のサッカー選手《せんしゅ》たちより、1秒《びょう》も速《はや》く走《はし》れるのですから。100メートル走《そう》では、1秒《びょう》は10メートルの差《さ》になります。ボルトはとんでもなく前《まえ》を走《はし》っているわけです。

もしもボルトがサッカー選手《せんしゅ》だったら、めちゃくちゃかつやくするんじゃないでしょうか?

「所長《しょちょう》! ボルトは小《ちい》さいころからサッカーが好《す》きで、足《あし》もとの技術《ぎじゅつ》に自信《じしん》があるそうですよ。サッカー選手《せんしゅ》になれば、バロンドールをとれますよ! だって、10メートルも前《まえ》を走《はし》るんですよ！」

「お、おちつけ、タローくん。さすがにそれはむずかしいぞ。10メートルの差《さ》といっても、100メートルを走《はし》りきったらの話《はなし》じゃ。サッカーはフィールドの長《なが》い辺《へん》が105メートル。それを端《はし》から端《はし》まで走《はし》る場面《ばめん》がどれだけある？」

「そ、そういえば……」

むしろサッカーでは、短《みじか》いダッシュのほうが多《おお》いです。しかもダッシュしたり、止《と》まったり、方向転換《ほうこうてんかん》したりと、いろいろな動《うご》きをくりかえします。たとえば日本代表《にほんだいひょう》の山口蛍《やまぐちほたる》は、プレッシングのうまい選手《せんしゅ》ですが、彼《かれ》がすぐれているのはストップ能力《のうりょく》。つまり、全《ぜん》速力《そくりょく》からサッと止《と》まることです。陸上選手《りくじょうせんしゅ》はそんな走《はし》りかたを練習《れんしゅう》しません。

「なるほど……。スピードといっても、いろいろな種類《しゅるい》がありますね」

「しかもボルトは身長《しんちょう》193センチと大柄《おおがら》で、歩《ほ》はばが大《おお》きい。後半《こうはん》ののびで勝負《しょうぶ》するタイプじゃ。最初《さいしょ》の30メートルまでは、足《あし》が速《はや》いサッカー選手《せんしゅ》と差《さ》がつかないのじゃ」

「な〜んだ……がっかり」

「いや、タローくん。あきらめるのははやいぞ。ワシがいつもいっておるではないか。戦《せん》

プレミアリーグ最高時速《さいこうじそく》ランキング

1位《い》	FW	シェーン・ロング	(サウサンプトン)	時速《じそく》35.31km
2位《い》	MF	リンデン・グーチ	(サンダーランド)	時速《じそく》35.19km
3位《い》	DF	カイル・ウォーカー	(トッテナム)	時速《じそく》35.18km
4位《い》	FW	ジェイミー・バーディ	(レスター・シティ)	時速《じそく》35.10km
5位《い》	FW	アンドレ・グレイ	(バーンリー)	時速《じそく》34.87km
6位《い》	DF	エリック・バイリー	(マンチェスター・U)	時速《じそく》34.84km
7位《い》	FW	ウィルフレッド・ザハ	(クリスタル・パレス)	時速《じそく》34.79km
8位《い》	FW	セオ・ウォルコット	(アーセナル)	時速《じそく》34.78km
同8位《どうい》	DF	吉田麻也《よしだまや》	(サウサンプトン)	時速《じそく》34.78km

※英 2016年10月『デイリー・ミラー』紙調べ

術《じゅつ》を自由《じゆう》に変《か》えられるから、サッカーはおもしろいのじゃ」

たとえば、自陣《じじん》のゴール前《まえ》から、なが～いカウンターをしかける場《ば》面《めん》をつくれば、ボルトのスピードもいきるはずです。100メートルは無理《むり》でも、50～70メートルくらいのカウンターなら、じゅうぶんにありえます。

ここで注目《ちゅうもく》してほしいのは、プレミアリーグが発表《はっぴょう》している最高《さいこう》時速《じそく》ランキングです。選手《せんしゅ》の最高《さいこう》スピードが、ランキングになっています。

「所長《しょちょう》、それ知《し》ってますよ！　日本《にほん》の吉田麻也《よしだまや》が時速《じそく》34・78キロをだして、リーグ8位《い》でウォルコットとならんだんですよね。みんなびっくりしてましたよ」

「麻也《まや》も注目《ちゅうもく》だが、ワシが見《み》てほしいのは、ランキングの選手《せんしゅ》の顔《かお》ぶれだな。ほとんどがディフェンダーか、あるいは下位《かい》チームのフォワードじゃろ？」

「あ……本当《ほんとう》だ。なぜだろう。そういえばウォルコットが8位《い》というのも変《へん》だなと思《おも》ったんですよね。意外《いがい》と下《した》のほうだなって」

「それが戦術《せんじゅつ》のちがいじゃ」

ウォルコットがプレーするアーセナル、あるいはマンチェスター・ユナイテッド、チェルシーといった上位《じょうい》チームは、ポゼッションして格下《かくした》の相手《あいて》チームをおしこんだ状態《じょうたい》で、ほとんどの時間《じかん》をプレーします。スペースがせまいので、短《みじか》いダッシュをくりかえす感《かん》じですね。

ところが、下位《かい》チームはそうやって攻《せ》められた状態《じょうたい》から、なが〜いカウンターにでることが多《おお》いです。だから下位《かい》チームのフォワードは最高時速《さいこうじそく》がでやすくなるし、それに対抗《たいこう》して走《はし》るため、上位《じょうい》チームのディフェンダーも最高時速《さいこうじそく》があがるというわけです。

「ワシの結論《けつろん》をいおう！　ボルトはセンターバックがいい。相手《あいて》のカウンターを防《ふせ》ぐとき、彼《かれ》のスピードがいきる。もし、フォワードにおきたいのなら、ビッグクラブよりも下位《かい》チームじゃ。なが～い距離《きょり》を走《はし》れるチームがよいぞ」
「さすが所長《しょちょう》！　イメージがわきました。でも、センターバックや下位《かい》チームのフォワードだと、バロンドールをとれないですね」
「だから最初《さいしょ》にいったはずじゃ。むずかしいと」
「あっ、ホントだ……」

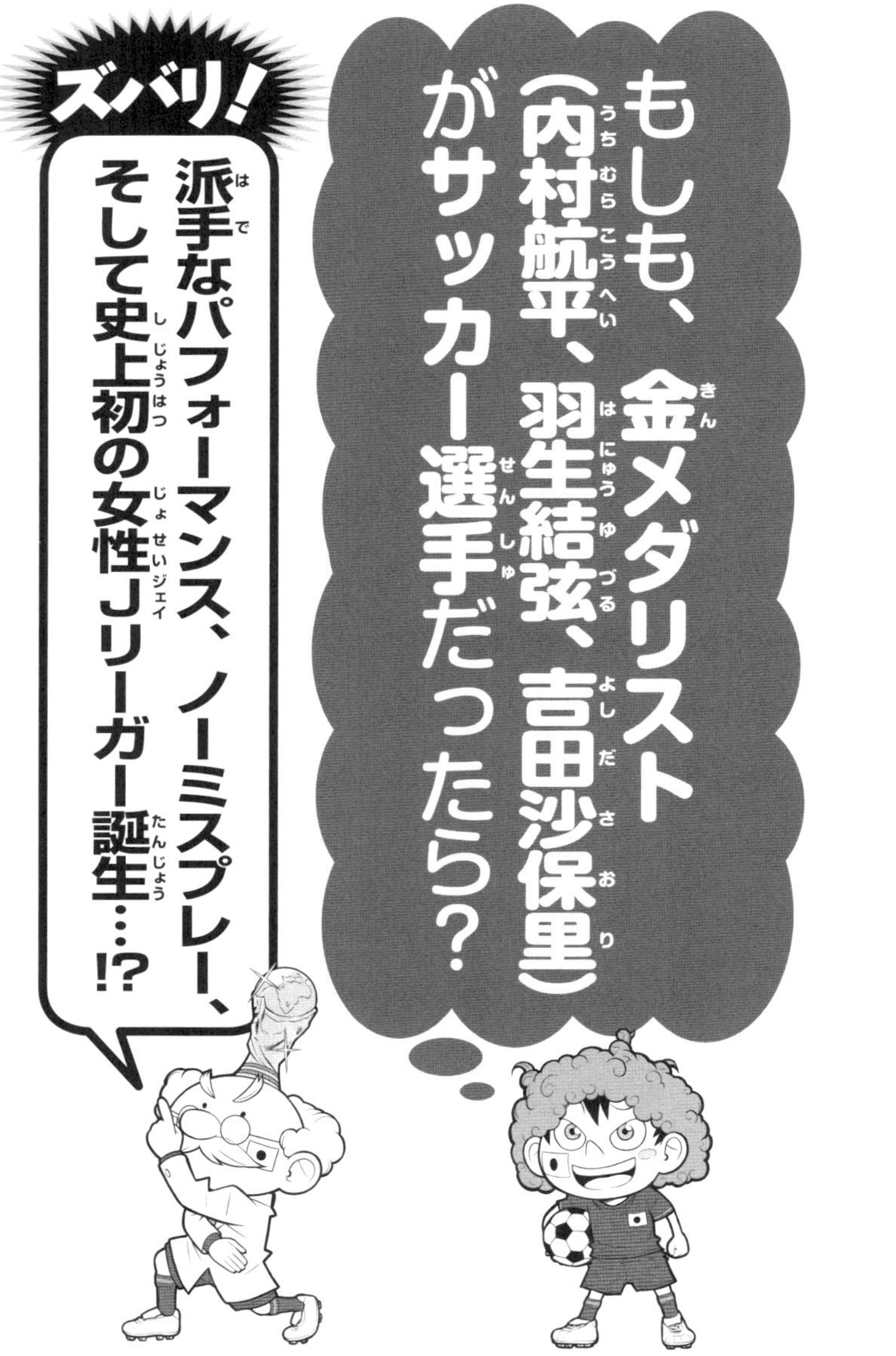
もしも、金《きん》メダリスト(内村航平《うちむらこうへい》、羽生結弦《はにゅうゆづる》、吉田沙保里《よしださおり》)がサッカー選手《せんしゅ》だったら？
ズバリ!
派手《はで》なパフォーマンス、ノーミスプレー、そして史上初《しじょうはつ》の女性《じょせい》J《ジェイ》リーガー誕生《たんじょう》…!?

■もしも、金《きん》メダリスト（内村航平《うちむらこうへい》、羽生結弦《はにゅうゆづる》、吉田沙保里《よしださおり》）がサッカー選手《せんしゅ》だったら？

オリンピックの金《きん》メダリストは、それぞれが自分《じぶん》の競技《きょうぎ》で世界一《せかいいち》にかがやいた選手《せんしゅ》たち。つまり、なにかの分野《ぶんや》ではだれにも負《ま》けない能力《のうりょく》を持《も》っています。

もしも、その金《きん》メダリストがサッカー選手《せんしゅ》だったら、どんなプレーをするのでしょうか？

「たとえば所長《しょちょう》！　体操《たいそう》の内村航平《うちむらこうへい》がサッカーをやったら、よい選手《せんしゅ》になると思《おも》いませんか？」

「まちがいなく、ゴールパフォーマンスは世界一《せかいいち》だろうな！　アフリカの選手《せんしゅ》もびっくりの連続《れんぞく》バック転《てん》を見《み》せてくれるはずじゃ」

「いや、それもいいけど、プレー面《めん》ではどうですか？」

「そうじゃのう……。タローくん、知《し》っておったか？　元日本代表《もとにほんだいひょう》で、いまはテレビで解説《かいせつ》をしている福西崇史《ふくにしたかし》も、昔《むかし》は体操《たいそう》をやっていたのじゃ」

「そうだったんですか！」

日本代表《にほんだいひょう》として２００６年《ねん》のワールドカップに出場《しゅつじょう》した福西《ふくにし》。ポジションは守備的《しゅびてき》ミッドフィルダーでしたが、現役時代《げんえきじだい》はセットプレーで、クロスからたくさん点《てん》をとっています。ヘディングもうまいですが、少《すこ》しういたボールに対《たい》して、軽《かろ》やかにジャンプしてボレーであわせるなど、アクロバティックなプレーが得意《とくい》でした。

「アクロバティックな選手《せんしゅ》にもいろいろなタイプがおるが、福西《ふくにし》の空中戦《くうちゅうせん》は本当《ほんとう》に美《うつく》しかった。さすが体操《たいそう》の経験者《けいけんしゃ》じゃ」

「だったら内村選手《うちむらせんしゅ》も、日本代表《にほんだいひょう》にいける!?」

「うーむ。福西《ふくにし》は１８１センチの長身《ちょうしん》で空中戦《くうちゅうせん》に強《つよ》かったが、内村《うちむら》は１６２センチだからのう」

「そうか……。さすがに空中戦《くうちゅうせん》では勝《か》てないですよね」

「しかし、体操選手《たいそうせんしゅ》のジャンプ力《りょく》はとんでもないからな。それをいかすじょうきょうをつくれば、内村《うちむら》もかつやくできるんじゃないかな」

「いかすじょうきょうって、たとえばどんな？」

「クロスに対《たい》して、うしろからゴール前《まえ》へ走《はし》りこみ、反動《はんどう》をつけてとぶ。いちばん前《まえ》の１《ワン》トップで待《ま》つ感《かん》じではなく、トップ下《した》やウイングなど、うしろや逆《ぎゃく》サイドから飛《と》びこむかたちにするのじゃ。相手《あいて》ディフェンダーはびっくりするぞ」

「急《きゅう》に空中《くうちゅう》にあらわれる感《かん》じですよね。おもしろそう！」

ではつぎに、もしもフィギュアスケートの羽生結弦《はにゅうゆづる》がサッカー選手《せんしゅ》だったら？

「もちろん、内村《うちむら》のような身体能力《しんたいのうりょく》も期待《きたい》したいが、ワシが羽生《はにゅう》についておもしろいと思《おも》うのは、彼《かれ》のメンタルじゃ」

「そっちですか」

「いつも『ノーミスでやる』というじゃろ？　金《きん》メダルをとっても、優勝《ゆうしょう》しても、ミスがあったら納得《なっとく》しない。自分《じぶん》のスケートを追求《ついきゅう》しておる。そのメンタルはおもしろいな」

「なるほど。羽生《はにゅう》はメンタルがぶれないですよね」

「１９９８年《ねん》から３大会連続《たいかいれんぞく》でワールドカップにでた小野伸二《おのしんじ》も、同《おな》じことをいっておった。『サッカーをノーミスでプレーしてみたい』と」

「でも所長《しょちょう》。たしかサッカーは、ミスのスポーツでしたよね？」

「そのとおり。足《あし》でボールをあつかうから、ミスがどうしても多《おお》くなる。しかし、小野《おの》は天才《てんさい》じゃ。判断《はんだん》ミスもコントロールミスも、ゼロにすることをめざしてプレーしておる。

羽生《はにゅう》も同《おな》じメンタルだから、羽生《はにゅう》キャプテンのチームを見《み》てみたいと思《おも》ってな」

「すごいチームになるかもしれませんね」

ではさいごに、もしもレスリングの吉田沙保里《よしださおり》がサッカー選手《せんしゅ》だったら？

「なんといっても、タックルの強《つよ》さは魅力《みりょく》じゃ。センターバックはあのくらいの強《つよ》さがあって、ぶつかりあいをおそれない選手《せんしゅ》でなければつとまらん。吉田《よしだ》はセンターバックにぴったりじゃ」

「でも、女子《じょし》サッカーであそこまであたりが強《つよ》いと、全部《ぜんぶ》ファウルになりそう……」

「だったら、Ｊ《ジェイ》リーグに出場《しゅつじょう》すればいいじゃろ」

「え？　所長《しょちょう》、なにをいっているんですか。吉田選手《よしだせんしゅ》は女性《じょせい》ですよ？」

「Ｊ《ジェイ》リーグに選手登録《せんしゅとうろく》するとき『男性《だんせい》』という条件《じょうけん》はないぞ。ルール上《じょう》は女性《じょせい》でもニューハーフでも登録《とうろく》ＯＫ《オーケー》なのじゃ」

「ええ！　知《し》らなかった！」

「史上初《しじょうはつ》の女性《じょせい》Ｊ《ジェイ》リーガーが生《う》まれるかもしれんな」

「さすが吉田選手《よしだせんしゅ》！　日本代表入《にほんだいひょうい》りすれば、吉田麻也選手《よしだまやせんしゅ》との吉田《よしだ》コンビ誕生《たんじょう》です」

もしも、大谷翔平《おおたにしょうへい》が
サッカー選手《せんしゅ》だったら？

ズバリ！

サッカー選手《せんしゅ》・大谷翔平《おおたにしょうへい》なら三刀流《さんとうりゅう》！
日本代表《にほんだいひょう》の救世主《きゅうせいしゅ》まちがいなし…!?

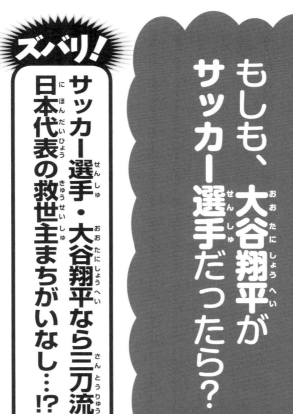

■もしも、大谷翔平《おおたにしょうへい》がサッカー選手《せんしゅ》だったら？

北海道日本《ほっかいどうにっぽん》ハムファイターズの大谷翔平《おおたにしょうへい》といえば、ピッチャーとバッターの『二刀流《にとうりゅう》』で有名《ゆうめい》な選手《せんしゅ》です。日本《にほん》プロ野球界《やきゅうかい》の至宝《しほう》として、その身体能力《しんたいのうりょく》はすべてのスポーツ選手《せんしゅ》のなかでも、ずばぬけています。

193センチ、97キロ。まるでズラタン・イブラヒモビッチのようなめぐまれた肉体《にくたい》です。

……日本《にほん》にもいたんですね。

「チッ！　野球《やきゅう》に持《も》っていかれてしまったわい！」

「所長《しょちょう》、荒《あ》れてますね～」

「大谷《おおたに》は二刀流《にとうりゅう》で注目《ちゅうもく》されたんじゃろ？　いやいや、ぜんぜんあまいわ！」

「え？　あまいとは？」

「もしも大谷《おおたに》がサッカー選手《せんしゅ》になっていたら……」

「ワシなら三刀流《さんとうりゅう》で起用《きよう》じゃ！」

みなさんは、サッカー日本代表《にほんだいひょう》の弱点《じゃくてん》をご存《ぞん》じでしょうか？

センターフォワード
センターバック
ゴールキーパー

日本代表《にほんだいひょう》で人材《じんざい》が不足《ふそく》しているといわれているポジション、ベスト３です。

大谷選手《おおたにせんしゅ》は身長《しんちょう》だけでなく、体重《たいじゅう》もしっかりあるので、相手《あいて》にガツンとあたられても負《ま》けません。逆《ぎゃく》に運動量《うんどうりょう》はあまり期待《きたい》できませんが、日本代表《にほんだいひょう》に足《た》りない３つのポジションは、それほど走《はし》らなくてもだいじょうぶなポジションです。なにも問題《もんだい》はありません。

「二刀流《にとうりゅう》の大谷《おおたに》なら、三刀流《さんとうりゅう》もいけるじゃろ。日本《にほん》に足《た》りないポジションを全部《ぜんぶ》カバーしてほしいわい。もしくは、大谷《おおたに》を３人《にん》くれ！」

「そんなコピーロボットみたいに……」

ほかの国《くに》ならそれほどめずらしくなくても、日本人《にほんじん》の平均身長《へいきんしんちょう》を考《かんが》えると、大谷選手《おおたにせんしゅ》の体格《たいかく》は貴重《きちょう》です。しかもイケメン。大谷選手《おおたにせんしゅ》がかつやくすれば、彼《かれ》にあこがれてGK《ゴールキーパー》やセンターバックをめざす選手《せんしゅ》が増《ふ》えるかもしれません。

あぁ、いいことばかり。

「大谷選手《おおたにせんしゅ》のドラフト会議《かいぎ》のとき、J《ジェイ》クラブがこっそりクジ引《び》きに参《さん》加《か》すればよかったのに……」

「花巻東高校《はなまきひがしこうこう》・大谷翔平《おおたにしょうへい》。北海道《ほっかいどう》ちがいで……コンサドーレ札幌《さっぽろ》！……ってそんなわけないでしょ！」

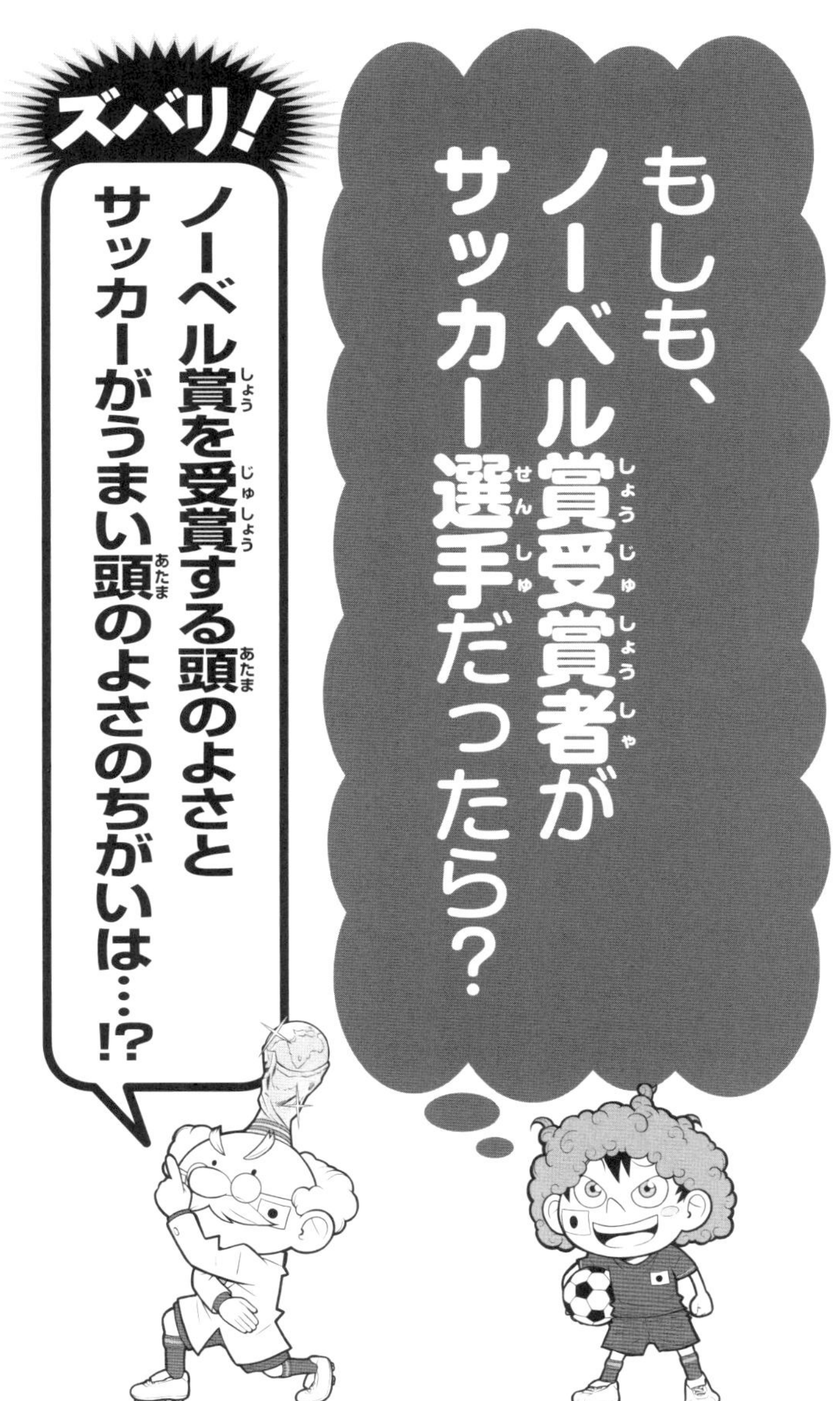
もしも、ノーベル賞《しょう》受賞《じゅしょう》者《しゃ》がサッカー選手《せんしゅ》だったら？
ズバリ!
ノーベル賞《しょう》を受賞《じゅしょう》する頭《あたま》のよさとサッカーがうまい頭《あたま》のよさのちがいは…!?

■もしも、ノーベル賞受賞者《しょうじゅしょうしゃ》がサッカー選手《せんしゅ》だったら？

「所長《しょちょう》！　サッカーは足《あし》の速《はや》さも大切《たいせつ》ですけど、判断《はんだん》するスピードも大切《たいせつ》ですよね？」

「うむ。そのとおりじゃ」

「判断《はんだん》ははやいだけじゃなくて、正《ただ》しい判断《はんだん》が必要《ひつよう》ですよね？」

「そうじゃな」

「だったら、頭《あたま》のよい人《ひと》はサッカーにむいているんじゃないですか？　たとえば、ノーベル賞《しょう》を受賞《じゅしょう》する人《ひと》とか、暗算《あんざん》がはやい人《ひと》とか。若《わか》いころからサッカーをやれば、すごい選《せん》手《しゅ》になりそう！」

タローくんからの問《と》いかけ！　サッカーはかしこさが大切《たいせつ》です。戦術《せんじゅつ》を理解《りかい》しなければいけません。頭《あたま》のよい人《ひと》のほうがむいているかもしれない？　たしかに一理《いちり》あります。どうですか、所長《しょちょう》？

「なるほどな。おもしろい発想《はっそう》だが、ノーベル賞《しょう》をとる頭《あたま》のよさと、サッカーをする頭《あたま》のよさは、ちょっと内容《ないよう》がちがうな」

「どうちがうんですか？」

「たとえば算数《さんすう》の問題《もんだい》を解《と》くとき、タローくんはいつも、どうやって考《かんが》えている？」

「どうやってといわれても……。うーん」

「そう。それじゃよ」

「え？　え？」

人間《にんげん》は頭《あたま》をつかうとき、「うーん」と考《かんが》えこんで、動《うご》きがピタッと止《と》まります。あごに手《て》をあてたり、腕組《うでぐ》みをしたりと、考《かんが》えることに集中《しゅうちゅう》しますよね。陸上《りくじょう》トラックを走《はし》りながら算数《さんすう》をやる人《ひと》はいません。そんなことをしたら、計算《けいさん》に集中《しゅうちゅう》できませんから。

だけど、サッカーではそれが必要《ひつよう》になります。走《はし》りながら、ドリブルしながら、パスをだしながら、考《かんが》える。つまり身体《からだ》を動《うご》かしつつ、頭《あたま》も同時《どうじ》に動《うご》かさなければいけません。

それはとてもむずかしいことです。教室《きょうしつ》で座《すわ》って勉強《べんきょう》をするのとは、少《すこ》しちがう頭《あたま》のつかいかたをしなければいけません。

2014年《ねん》ごろ、当時《とうじ》バルセロナでプレーしていた天才司令塔《てんさいしれいとう》、シャビ・エルナンデスの脳《のう》の働《はたら》きを、機械《きかい》をつかって分析《ぶんせき》する番組《ばんぐみ》が放送《ほうそう》されました。

シャビと日本人選手《にほんじんせんしゅ》の脳《のう》を比較《ひかく》したとき、あきらかにちがいがあったのは、『大脳基底《だいのうきてい》核《かく》』の部分《ぶぶん》の活動《かつどう》でした。

ここは人間《にんげん》がくりかえした経験《けいけん》や知識《ちしき》が、記憶《きおく》される場所《ばしょ》です。シャビはこの部分《ぶぶん》が活発《かっぱつ》に動《うご》いていました。つまり、それまでに身《み》につけた正《ただ》しい判断《はんだん》を、無意識《むいしき》にひきだしながらプレーしていたのです。だから、考《かんが》えてはいません。ほとんどのプレーは習慣的《しゅうかんてき》な反応《はんのう》でした。

逆《ぎゃく》に日本人選手《にほんじんせんしゅ》の脳《のう》で働《はたら》いていたのは、『前頭前野《ぜんとうぜんや》』です。ここはテスト問題《もんだい》を解《と》いたり、計算《けいさん》をしたりと、物事《ものごと》を「うーん」と考《かんが》えるための脳《のう》の中心部分《ちゅうしんぶぶん》です。しかし、身体《からだ》を動《うご》かしながら考《かんが》えるのはむずかしいので、判断《はんだん》がおくれたり、判断《はんだん》に迷《まよ》いが生《しょう》じたりしがちです。

スポーツ選手《せんしゅ》の頭《あたま》のつかいかたとしては、シャビのほうが理想的《りそうてき》でした。正《ただ》しい選択肢《せんたくし》を身体《からだ》に染《し》みこませ、直感的《ちょっかんてき》に反応《はんのう》してプレーできる。だからシャビは迷《まよ》いがなく、判断《はんだん》のスピードも速《はや》かったのです。

「頭《あたま》がよいだけではなく、それを直感的《ちょっかんてき》に身体《からだ》に落《お》としこむこと。それがサッカーでは本当《ほんとう》にかしこい選手《せんしゅ》というわけじゃ」

「なるほど。座《すわ》って勉強《べんきょう》する頭《あたま》のよさとはちがうわけですね。ふむふむ」

「そのとおりじゃ……。なんかイヤな予感《よかん》がするぞ」

「じゃあ、もう苦手《にがて》な算数《さんすう》の勉強《べんきょう》もしなくていいや！　サッカーにつながらないし！」

「そうくると思《おも》った！　それはちがうぞ。勉強《べんきょう》して脳全体《のうぜんたい》のレベルがあがらないと、シャビ脳《のう》にはなれん。あれはそうとうにハイレベルな脳《のう》だからな」

「な〜んだ。じゃあ、シャビ脳《のう》めざして、宿題《しゅくだい》やるとしますか〜」

もしも、キングカズ（三浦知良《みうらかずよし》）が日本代表《にほんだいひょう》の監督《かんとく》だったら？
ズバリ！
「名選手《めいせんしゅ》は名監督《めいかんとく》にならない」なんて反対《はんたい》の声《こえ》もはねかえし、カリスマ監督《かんとく》に…!?

■もしも、キングカズ（三浦知良《みうらかずよし》）が日本代表《にほんだいひょう》の監督《かんとく》だったら？

２０１７年《ねん》にＪ《ジェイ》リーグ史上最高年齢《しじょうさいこうねんれい》となる50歳《さい》でゴールをきめた、Ｊ２横浜ＦＣ《ジェイツーよこはまエフシー》の三浦《みうら》知良選手《かずよしせんしゅ》。カズはいつまでも現役《げんえき》でプレーします。

「50歳《さい》かあ……。ボクにはわからないけど、やっぱり50歳《さい》であんなにプレーできるのはすごいのかなあ。あれ、ところで所長《しょちょう》は何歳《なんさい》でしたっけ？」

「ワシか？　ワシは永遠《えいえん》の22歳《さい》、Ｕ《ユー》-23日本代表《にほんだいひょう》じゃ！」

「（所長《しょちょう》を無視《むし》して）じゃあ、所長《しょちょう》は同年代《どうねんだい》のカズのすごさがよくわかりますか？」

「うむ。身体《からだ》の動《うご》きもすごいが、ワシが思《おも》うに、カズがいちばんすごいのは、いまを生《い》きておることじゃな」

「え？　いまを生《い》きる？　どういうことだろう……」

カズは日経新聞《にっけいしんぶん》のコラムで、こんなことを書《か》きました。

『プロ32年間《ねんかん》でいちばん苦《くる》しかったこと？　そりゃあ昨日《きのう》、今日《きょう》の練習《れんしゅう》の、きついランニングですよ』

苦《くる》しかったことはたくさんあります。試合《しあい》にでられなかったり、ゴールをきめられなかったり。もしくは、身体《からだ》のおとろえを感《かん》じて、これからさきが不安《ふあん》になったり。でも、カズはいまを生《い》きています。過去《かこ》のことは忘《わす》れる。未来《みらい》のことは考《かんが》えない。32年《ねん》間《かん》で苦《くる》しかったことは、昨日《きのう》、今日《きょう》のきつい練習《れんしゅう》。それだけ。そのきつい練習《れんしゅう》も、明日《あした》になったら忘《わす》れて、またきつい練習《れんしゅう》にサボらずとりくみます。それがカズ。サッカーが好《す》きだからですね。

50歳《さい》になっても、まだ選手《せんしゅ》をつづけているのは、40年《ねん》以上《いじょう》もずっと、今日《きょう》サッカーをすることを大切《たいせつ》にしてきたからなのです。

「所長《しょちょう》！　カズのすごさがつたわりました！　ストイックな人《ひと》なんですね〜」

そんなカズが、もしも監督《かんとく》になったら、どんなチームをつくるのでしょうか⁉

「こら！　話《はなし》を聞《き》いておったのか！　カズは生涯現役《しょうがいげんえき》のサッカー選手《せんしゅ》といっているだろうが！」

すみません……。

「ありえないと思《おも》うが、もしも、カズが監督《かんとく》になったらを空想《くうそう》してみようか？」

ぜひよろしくおねがいします。

「そうじゃな。カズはビッグクラブや日本代表《にほんだいひょう》のように、大《おお》きなチームをひきいるのがむいていると思《おも》うな」

近《ちか》ごろは20代《だい》のうちから監督《かんとく》をやる人《ひと》が増《ふ》えているので、カズが50歳《さい》をこえてから監督《かんとく》になっても、指導力《しどうりょく》や知識《ちしき》ではかないません。では、カズが持《も》っている長所《ちょうしょ》といえば？

それはカリスマ性《せい》と経験《けいけん》です。有名《ゆうめい》な選手《せんしゅ》ほどプライドが高《たか》いので、選手《せんしゅ》として二流《にりゅう》だった監督《かんとく》にダメ出《だ》しをされると、カチーンとくる人《ひと》もいます。あからさまに不満《ふまん》をぶちまけたり、チームのふんいきをわるくする、こまったちゃんもいます。

でも、どんな有名《ゆうめい》な選手《せんしゅ》だって、カズにいわれたら納得《なっとく》するしかありません。

代表《だいひょう》チームも同《おな》じです。クラブとちがって、毎日《まいにち》いっしょにいるわけではないので、パッと集《あつ》まって、サッと団結《だんけつ》して、すぐに戦《たたか》わなければいけません。「あっちがいい！」「こっちがいい！」とあらそっているあいだに、試合《しあい》が終《お》わってしまいます。そんなチームをまとめるためには、カズのように説得力《せっとくりょく》のあるリーダーが必要《ひつよう》です。プレッシャーがかかる試合《しあい》の前《まえ》に、選手《せんしゅ》のやる気《き》をググッと高《たか》める言葉《ことば》をかけられるのは、やはりカズでしょう。

『名選手《めいせんしゅ》は名監督《めいかんとく》にならない』という人《ひと》もいますね。でも、フランスの天才《てんさい》司令塔《しれいとう》だったジネディーヌ・ジダンは、２０１６年《ねん》にレアル・マドリードという世界一《せかいいち》のビッグクラブの監督《かんとく》になり、いきなりヨーロッパチャンピオンズリーグで優勝《ゆうしょう》しました。

　監督《かんとく》としての指導力《しどうりょく》や戦術《せんじゅつ》が不《ふ》足《そく》しているなら、コーチとコンビをくんで、カバーしてもらえばいいわけです。カズが日本代表《にほんだいひょう》をひきいたら、すごく強《つよ》いチームになるかもしれませんよ！

特別企画《とくべつきかく》

空想《くうそう》イレブン

さいごはみんながビックリするような
ベストイレブンをつくってみたぞ！
動物《どうぶつ》イレブン、金《きん》メダリストイレブン、戦国武将《せんごくぶしょう》イレブン
……。空想《くうそう》サッカー研究所《けんきゅうじょ》は、なんでもありじゃ！
ワシも代表監督《だいひょうかんとく》になったつもりで、ベストイレブンを選《えら》んで
みた。
あっちもいれたいけど、こっちも捨《す》てがたい……でもチーム
は11人《にん》だけ！　サッカーの監督《かんとく》はつらいのう～。みんなもつ
くってみるのじゃ！　このつらさを味《あじ》わってくれ！

空想《くうそう》イレブン
夢《ゆめ》があるなー！
キミならどんな
チームをつくる!?

もしも、『最強《さいきょう》アスリートイレブン』があったら？
ズバリ！
いかにも強《つよ》そうな豪華《ごうか》スタメン！スーパーサブにはあの男《おとこ》が…!?

■もしも、『最強《さいきょう》アスリートイレブン』があったら？

「現代《げんだい》サッカーの1《ワン》トップは、身体《からだ》が大《おお》きくてなんでもできる選手《せんしゅ》がいい。シュート、ラストパス、ポストプレー、守備《しゅび》と、いろいろな役割《やくわり》がもとめられておるからな」

「だから競泳《きょうえい》の萩野公介《はぎのこうすけ》ですか。個人《こじん》メドレーの金《きん》メダリストで、自由形《じゆうがた》、背泳《せおよ》ぎ、バタフライとなんでもできるタイプだから、ぴったりですね」

「左《ひだり》ウイングはケンブリッジ飛鳥《あすか》。自慢《じまん》の快足《かいそく》でつきやぶってクロスじゃ！　そして、萩《はぎ》野《の》の裏《うら》から飛《と》びこんできた内村航平《うちむらこうへい》が、アクロバティック3回《かい》ひねりボレーでゲットォ！」

「中盤《ちゅうばん》は、テニスと卓球《たっきゅう》でかためましたね」

「運動量《うんどうりょう》とステップワークが大事《だいじ》じゃからな。錦織圭《にしこりけい》と福原愛《ふくはらあい》が動《うご》きまわって、中盤《ちゅうばん》を支《し》配《はい》する！　『エアーケイ』はクロスにも走《はし》りこんで点《てん》をとれるぞ。そしてうしろから水谷《みずたに》隼《じゅん》が、左右《さゆう》にパスを打《う》ちわける……いや、けりわける！」

「左《ひだり》サイドバックは、なぜ石川佳純《いしかわかすみ》なんですか？」

「ここは左《ひだり》ききをおくのが鉄則《てっそく》じゃ。左足《ひだりあし》でボールをあつかわないと、フィールドのはばをひろくつかえないからな」

「なるほど」

「そして、右《みぎ》サイドバックは陸上《りくじょう》の桐生祥秀《きりゅうよしひで》。爆発的《ばくはつてき》なオーバーラップで走《はし》りまくる！」

「中央《ちゅうおう》のディフェンスは強烈《きょうれつ》ですね」

「吉田沙保里《よしださおり》と伊調馨《いちょうかおり》のセンターバックコンビをたおすヤツなど、この世《よ》にはおるまい」

「GK《ゴールキーパー》は体操《たいそう》の白井健三《しらいけんぞう》ですね」

「どんなハイボールも『シライ』でキャッチじゃ」

「(だんだん理由《りゆう》が雑《ざつ》になってきたような……) ところで、羽生結弦《はにゅうゆづる》はどこにいるんですか？　まさかのスタメン落《お》ち？」

「ん？　おおっ……」

「忘《わす》れていたんですか！　羽生《はにゅう》はノーミスなのに、所長《しょちょう》はミスばっかりですねえ……」

「うるさい！　羽生《はにゅう》はスーパーサブ。最初《さいしょ》からそのつもりじゃ！」

もしも、『最強《さいきょう》戦国《せんごく》武将《ぶしょう》イレブン』があったら？

ズバリ！

武将《ぶしょう》の個性《こせい》で各《かく》ポジションに選手《せんしゅ》を配置《はいち》！

キーマン・織田信長《おだのぶなが》はなんと…!?

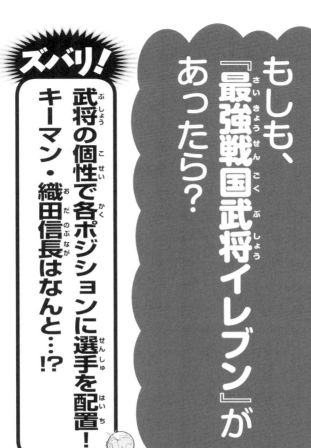

■もしも、『最《さい》強《きょう》戦《せん》国《ごく》武《ぶ》将《しょう》イレブン』があったら？

「あれ、所長《しょちょう》。1《ワン》トップはなんでもできるタイプがいいってさっきいったのに」

「別《べつ》にぜったいではない。昔《むかし》のチームだから、あえてエゴ丸出《まるだ》しのストライカーにしてみたわ」

「なるほど。それで豊臣秀吉《とよとみひでよし》ですか」

「トップ下《した》は意外性《いがいせい》のある司令塔《しれいとう》、坂本龍馬《さかもとりょうま》じゃ。強烈《きょうれつ》な両《りょう》サイドの個《こ》の力《ちから》をまとめてもらう。『武田《たけだ》だ、上杉《うえすぎ》だといっている時代《じだい》じゃないぜよ！』とな」

「か、画期的《かっきてき》すぎる……」

「攻撃《こうげき》メンバーの個性《こせい》が強《つよ》すぎるから、ダブルボランチはバランス感《かん》がほしい。世《よ》わたりのうまい2人《ふたり》をおいてみた。そして、右《みぎ》サイドバックは真田幸村《さなだゆきむら》。秀吉《ひでよし》に大《おお》きな恩《おん》のある幸村《ゆきむら》なら、敵陣《てきじん》をつきぬけて、最高《さいこう》のアシストをするにちがいない」

「意外《いがい》にしっかりと考《かんが》えていますね」

「そして、センターバックは勝海舟《かつかいしゅう》と西郷隆盛《さいごうたかもり》。江戸城《えどじょう》を無血開城《むけつかいじょう》したコンビじゃ。西郷《さいごう》は目《め》の前《まえ》の人情《にんじょう》にこだわりすぎる弱点《じゃくてん》はあるが、視野《しや》のひろい勝海舟《かつかいしゅう》とくめば、存分《ぞんぶん》に力《ちから》をひきだせる。おたがいの個性《こせい》をカバーすることが大切《たいせつ》じゃ」

「すごい。本当《ほんとう》によく考《かんが》えられている」

「手抜《てぬ》きできないタイプでな」

「なるほど。左《ひだり》サイドバックは、ひとりだけアメリカ人《じん》のペリーですが、これはなぜ？」

「……なんとなくあまったから」

「手抜《てぬ》きしてるじゃないですか！」

「いや、昔《むかし》の左《ひだり》ききの人《ひと》は、ほとんど右《みぎ》ききになおされたのじゃ。だから左《ひだり》サイドバックがだれもいなかった」

「ああ……なるほど」

「わかってくれたか。サッカーの監督《かんとく》はつらいのじゃ」

「あれ、所長《しょちょう》。そういえば織田信長《おだのぶなが》はどこですか？」

「スーパーサブじゃ！　奇襲《きしゅう》といえば信長《のぶなが》だろう？　桶狭間《おけはざま》の戦《たたか》いで圧勝《あっしょう》したではないか」

「でも本能寺《ほんのうじ》では、奇襲《きしゅう》されるほうでしたけどね……！」

「む……！　武将《ぶしょう》でサッカーチームを考《かんが》えるなんてけっこうむずかしいんじゃぞ……」

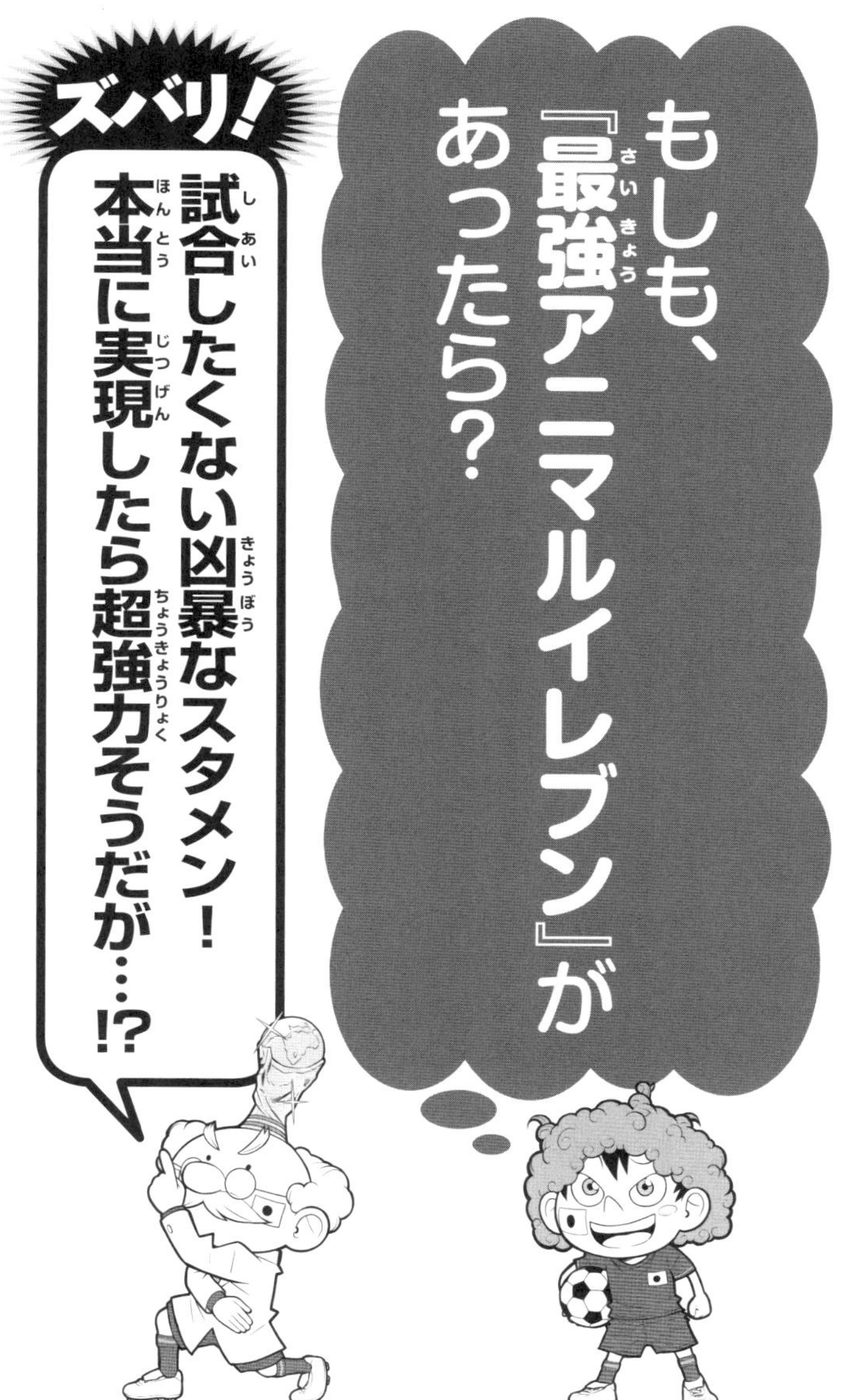
もしも、『最強《さいきょう》アニマルイレブン』が
あったら？
ズバリ！
試合《しあい》したくない凶暴《きょうぼう》なスタメン！
本当《ほんとう》に実現《じつげん》したら超強力《ちょうきょうりょく》そうだが…!?

■もしも、『最強《さいきょう》アニマルイレブン』があったら？

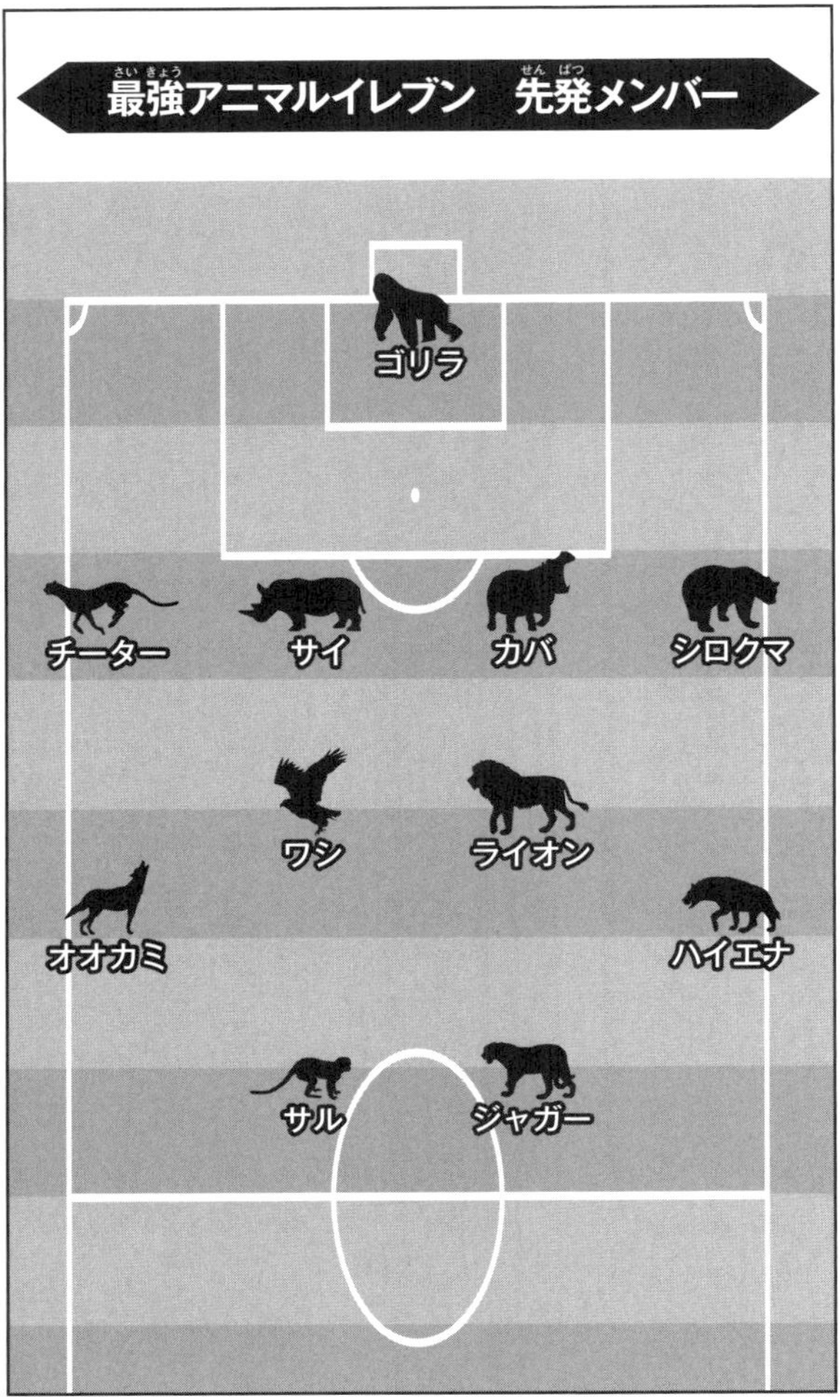

「どうかな、タローくん！　この最強《さいきょう》アニマルイレブンは？」

「全体的《ぜんたいてき》に小《ちい》さめの動物《どうぶつ》が多《おお》いような……。だけど、センターバックは巨大《きょだい》ですね」

「そう、そこがポイント！　うしろはガチガチに守《まも》ってはねかえし、前線《ぜんせん》はスピードでかけぬける。カウンターサッカーのアニマルイレブンじゃ！」

「なるほど。ちゃんとコンセプトがあるんですね」

「もちろん。サイは皮膚《ひふ》がかたく、よろいのような身体《からだ》でクロスをはねかえす。カバはおとなしそうに見《み》えるが、じつはめちゃくちゃ強《つよ》いぞ。なわばりにはいった相手《あいて》を大《おお》きな牙《きば》でしとめる。ワニやライオンさえ、獲物《えもの》にするくらいじゃ」

「ひえー。そんなセンターバック、こわすぎる……」

「そのくらいの迫力《はくりょく》が大事《だいじ》じゃ。2匹《ひき》ともスピードはないが、チームのコンセプトは自陣《じじん》にさがって守備《しゅび》ブロックをかためること。相手《あいて》にスペースをあたえないから、足《あし》のおそさは問題《もんだい》にならん」

「なるほど。カバの弱点《じゃくてん》をカバーしたわけですか」

「(タ、タローくんがダジャレを……)そのとおり。そして、自陣《じじん》にひいてボールを持《も》たせると、敵陣《てきじん》にスペースができる。そこをカウンターでつくというわけじゃ」

「なぜ、2《ツー》トップはジャガーとサルなんですか？」

「ジャガーという名前《なまえ》は、アメリカ先住民《せんじゅうみん》の言葉《ことば》で『ひとつきで殺《ころ》す者《もの》』を意味《いみ》する。同《おな》じ猛獣《もうじゅう》でもライオンやトラの狩《か》りとちがって、ジャガーの狩《か》りは一瞬《いっしゅん》じゃ。アゴのパワーが強《つよ》く、一発《いっぱつ》で相手《あいて》の急所《きゅうしょ》をかみ砕《くだ》く」

「すごい、一撃必殺《いちげきひっさつ》ですね！」

「カウンターにぴったりじゃろ？　相棒《あいぼう》のサルは知恵《ちえ》があるから、相手《あいて》ディフェンスを小《こ》馬鹿《ばか》にしてかきまわす……そこにジャガーが一撃《いちげき》！」

「なるほど。おもしろい戦術《せんじゅつ》ですね」

「中盤《ちゅうばん》のサイドハーフは、守備《しゅび》とカウンターの両方《りょうほう》に走《はし》りまわってほしい。ハイエナとオオカミは獲物《えもの》を追《お》いかけて、何時間《なんじかん》でも走《はし》りまわる運動量《うんどうりょう》があるから、ここに起用《きよう》した。それにやつらの狩《か》りは、弱《よわ》った獲物《えもの》や、すでにしとめられた獲物《えもの》をさがすスタイル。ジャガーのこぼれ球《だま》をひろってゴールできる」

「こぼれ球《だま》をひろうとか、ハイエナっぽいですね。いやー、あいかわらず所長《しょちょう》はいろいろ考《かんが》えるなあ。……あれ、でも、守《しゅ》備《び》的《てき》ミッドフィルダーがライオン?? あの立《りっ》派《ぱ》なたてがみのライオンなら、ドーンとフォワードに立《た》つほうが似《に》あうのに」

「それはオスの話《はなし》だな。これはメスのライオンじゃ。サボり屋《や》のオスとちがい、メスのライオンはがんばり屋《や》さん。味《み》方《かた》と協力《きょうりょく》して狩《か》りをする能力《のうりょく》も高《たか》い。チームプレーヤーだから、守《しゅ》備《び》的《てき》ミッドフィルダーにしたよ」

「なるほど! ライオンはライオンでも、メスだったとは。だったら、その相《あい》棒《ぼう》のワシはどういう意《い》図《と》ですか?」

「ワシこそはワシのチームの心《しん》臓《ぞう》じゃ。ワシは視《し》力《りょく》と観《かん》察《さつ》眼《がん》がすぐれておる。じょうきょうを見《み》て、くわしく指《し》示《じ》をだす司《し》令《れい》塔《とう》にぴったりじゃ。ワシならワシの意《い》図《と》どおりにやってくれる」

「ワシ、ワシってややこしいな……」

「ワシもそう思《おも》う」

「……まあいいか。右《みぎ》サイドバックはスピード自《じ》慢《まん》のチーターですね」

「うむ。相《あい》手《て》がジャガーやサルに気《き》をとられているあいだに、高《こう》速《そく》オーバーラップさせる」

「左《ひだり》サイドバックは、なぜシロクマなんですか？」

「シロクマは左《ひだり》ききなのじゃ。先住民《せんじゅうみん》やハンターがシロクマと戦《たたか》うときは、まず銃《じゅう》で左腕《ひだりうで》をうって、きき手《て》を封《ふう》じるらしい」

「そうなんですか！　知《し》らなかった」

「まあ『諸説《しょせつ》あり』ってやつだがな」

「GK《ゴールキーパー》はゴリラですか。これはわかりやすい。腕力《わんりょく》ありそうだし、ゴールに立《た》ったら迫力《はくりょく》ありそう。まさに守護神《しゅごしん》ですね」

「ところが、ゴリラにも弱点《じゃくてん》があるのじゃ……」

「え？　なんだろう？」

「ストレスにめちゃくちゃ弱《よわ》い。すぐに下痢《げり》をするし、警戒《けいかい》しすぎて心臓《しんぞう》の負担《ふたん》で死《し》んでしまうこともある」

「どんなGK《ゴールキーパー》ですか！」

「だからゴリラが失点《しってん》しても責《せ》めてはいかんぞ。もしミスをしたら『どんまい！　いいプレーだったよ！』と励《はげ》ましてやろうな」

「それはいいけど……なんか心細《こころぼそ》いなあ。ゴリラがＰＫ《ピーケー》戦《せん》になったら、緊張《きんちょう》しすぎでたおれてしまいそう」

「むむ。それはいかん！　ゴリラより反応《はんのう》はおそいが、図太《ずぶと》い性格《せいかく》のジャイアントパンダを控《ひか》えＧＫ《ゴールキーパー》に用意《ようい》しよう。パンダはひとり行動《こうどう》が好《す》きだから、孤独感《こどくかん》のあるＧＫ《ゴールキーパー》にぴったりじゃ」

「おー、さすが所長《しょちょう》！　これで最強《さいきょう》アニマルイレブンの完成《かんせい》ですね！」

所長《しょちょう》が選《えら》んだ最強《さいきょう》アニマルイレブン。みなさんはどう思《おも》いますか？　みなさんも自分《じぶん》で考《かんが》えたイレブンをつくってみて空想《くうそう》サッカー研究所《けんきゅうじょ》に教《おし》えてください！

おわりに

日本《にほん》のサッカー少年《しょうねん》が 練習《れんしゅう》から帰《かえ》って夕《ゆう》ご飯《はん》を食《た》べているとき、
ロンドンでは 太陽《たいよう》の下《した》でプレミアリーグがキックオフ。
アフリカの若者《わかもの》が プロ選手《せんしゅ》になった夢《ゆめ》を見《み》ながらねむるとき、
三浦知良《みうらかずよし》は 今日《きょう》もきびしい早朝《そうちょう》トレーニングにむかう。

この地球《ちきゅう》ではいつもどこかでボールがけられておる。おぬしが寝《ね》ているときも、学校《がっこう》で勉強《べんきょう》をしているときも。そして、この本《ほん》を読《よ》んでいる、いまこの瞬間《しゅんかん》でさえも。
サッカーはひろいな。大《おお》きいな。ワシは何十年《なんじゅうねん》もサッカーを見《み》てきたが、まだまだわからないことがたくさんある。これからさきのみらいも、なにがおこるのか。明日《あした》は明日《あした》のボールがある。だからこそ、空想《くうそう》は永遠《えいえん》に止《と》まらないのじゃ！

空想《くうそう》サッカー研究所《けんきゅうじょ》・所長《しょちょう》　清水英斗《しみずひでと》

集英社みらい文庫

実況《じっきょう》！空想《くうそう》サッカー研究所《けんきゅうじょ》
もしも織田信長《おだのぶなが》が日本代表監督《にっぽんだいひょうかんとく》だったら

清水英斗《しみずひでと》 作

フルカワマモる 絵

ファンレターのあて先
〒101-8050 東京都千代田区一ツ橋2-5-10 集英社みらい文庫編集部
いただいたお便りは編集部から先生におわたしいたします。

2017年7月26日 第1刷発行
2018年5月16日 第3刷発行

発行者	北畠輝幸
発行所	株式会社 集英社
	〒101-8050 東京都千代田区一ツ橋2-5-10
	電話 編集部 03-3230-6246
	読者係 03-3230-6080
	販売部 03-3230-6393（書店専用）
	http://miraibunko.jp
装丁	小松昇（Rise Design Room） 中島由佳理
印刷	図書印刷株式会社 凸版印刷株式会社
製本	図書印刷株式会社

ISBN978-4-08-321386-1 C8275 N.D.C.913 182P 18cm

2018年《ねん》
6月《がつ》22日《にち》(金《きん》)発売《はつばい》!!
FC6-1
1
10

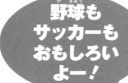

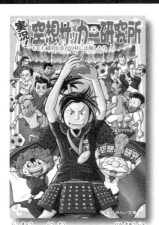

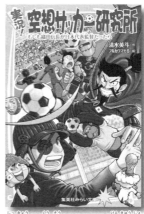

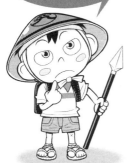

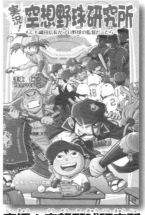

田《た》中《なか》くんって何《なに》者《もの》!?

試《ため》し読《よ》み読《どく》者《しゃ》から絶《ぜっ》賛《さん》の嵐《あらし》！

- ぼくも給食《きゅうしょく》マスターになりたいです（8歳・小学生）
- 田《た》中《なか》くんのおかげで給食《きゅうしょく》が好《す》きになりました（10歳・小学生）
- この本《ほん》を読《よ》んで牛乳《ぎゅうにゅう》が飲《の》めるようになりました（11歳・小学生）
- この本《ほん》、めっちゃオモろい！（12歳・中学生）
- 田《た》中《なか》くんカワイイ～♥（14歳・中学生）
- 「牛乳《ぎゅうにゅう》カンパイ係《がかり》」の仕《し》事《ごと》ぶり、勉《べん》強《きょう》になります（25歳・会社員）
- 料《りょう》理《り》男《だん》子《し》な田《た》中《なか》くんと結《けっ》婚《こん》した～い（29歳・ＯＬ）
- ウチの子《こ》の食《た》べ物《もの》の好《す》き嫌《きら》いがなくなりました（43歳・主婦）
- 田《た》中《なか》くんを読《よ》んで勇《ゆう》気《き》がでました。就職《しゅうしょく》します（34歳・無職）
- 文《もん》部《ぶ》科《か》学《がく》省《しょう》の大《だい》臣《じん》に推《すい》薦《せん》したい本《ほん》ですね（59歳・会社役員）

あらすじ

御石井小学校《おいしいしょうがっこう》5年《ねん》1組《くみ》の転校生《てんこうせい》・鈴木《すずき》ミノルは
牛乳《ぎゅうにゅう》が苦手《にがて》で給食《きゅうしょく》が大《だい》きらい！
しかし、同《おな》じクラスの「牛乳《ぎゅうにゅう》カンパイ係《がかり》」田中《たなか》くんと出会《であ》い、
とんでもない給食《きゅうしょく》タイムを目《ま》の当《あ》たりにして……!!
読《よ》めば読《よ》むほどおいしくなるデリシャス学園《がくえん》グルメコメディ♪

残《のこ》るのか――!
限《げん》界《かい》を超《こ》えたゲームがはじまる!
50人《にん》の小学生《しょうがくせい》が最後《さいご》の一人《ひとり》になるまで
ひとつの競技《きょうぎ》でたたかう大会《たいかい》、ラストサバイバル。
「最後《さいご》まで残《のこ》った優勝者《ゆうしょうしゃ》はなんでも願《ねが》いごとがかなう」という。
小《しょう》6の桜井《さくらい》リクはラストサバイバルに参加《さんか》し、優勝《ゆうしょう》をめざすが…!?
このゲームは遊《あそ》びじゃない!!
おどろきのラストを見逃《みのが》すな!!
シリーズ絶《ぜっ》賛《さん》発《はつ》売《ばい》中《ちゅう》!
50
6
28

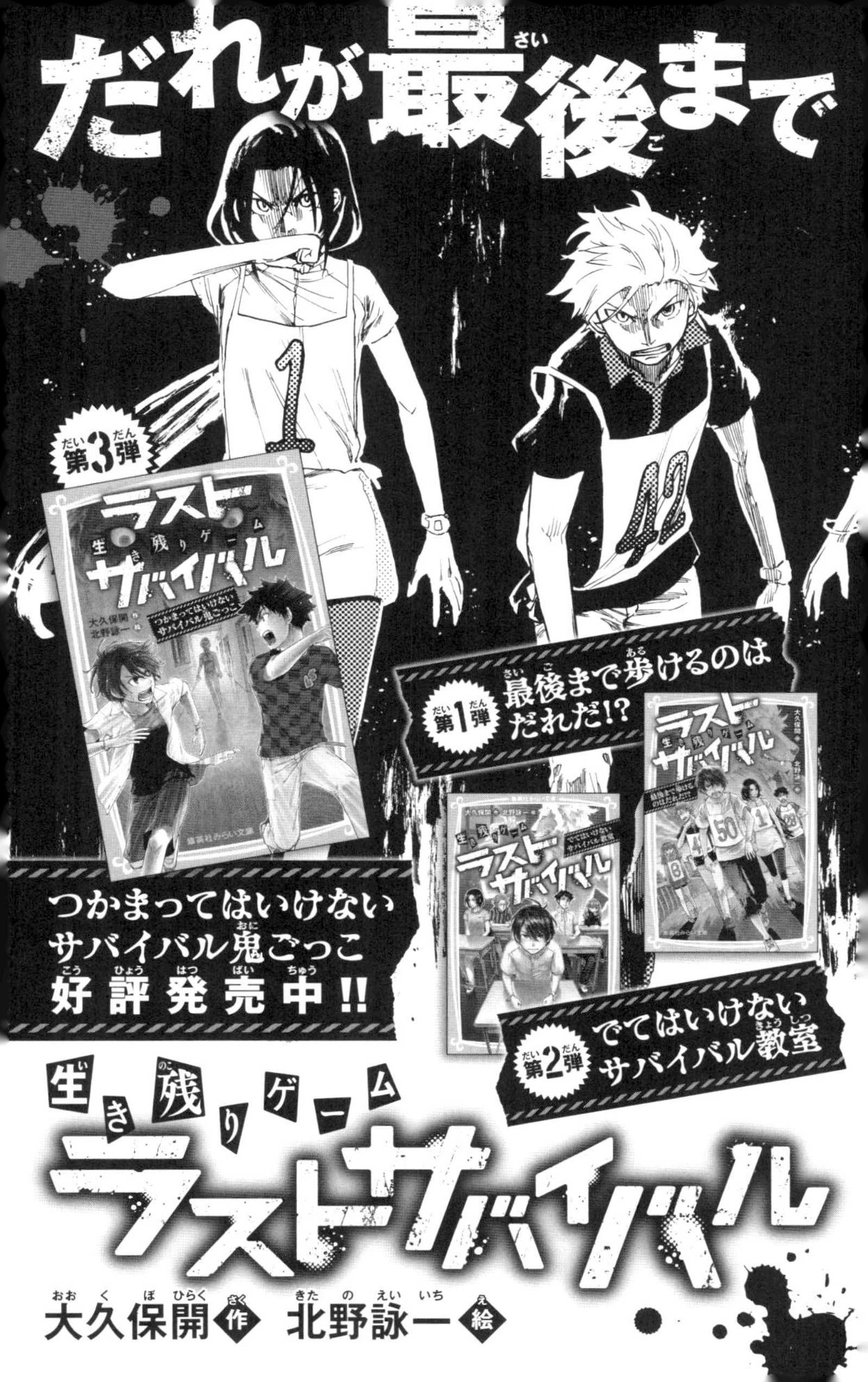

だれが最《さい》後《ご》まで
第《だい》3弾《だん》
ラストサバイバル
生《い》き残《のこ》りゲーム
つかまってはいけないサバイバル鬼ごっこ
大久保開 作
北野詠一 絵
集英社みらい文庫
つかまってはいけない
サバイバル鬼《おに》ごっこ
好《こう》評《ひょう》発《はつ》売《ばい》中《ちゅう》!!
第《だい》1弾《だん》
最《さい》後《ご》まで歩《ある》けるのは
だれだ!?
第《だい》2弾《だん》
でてはいけない
サバイバル教《きょう》室《しつ》
生《い》き残《のこ》りゲーム
ラストサバイバル
大《おお》久《く》保《ぼ》開《ひらく》 作《さく》
北《きた》野《の》詠《えい》一《いち》 絵《え》

「みらい文庫《ぶんこ》」読者《どくしゃ》のみなさんへ

言葉《ことば》を学《まな》ぶ、感性《かんせい》を磨《みが》く、創造力《そうぞうりょく》を育《はぐく》む……、読書《どくしょ》は「人間力《にんげんりょく》」を高《たか》めるために欠《か》かせません。たった一枚《いちまい》のページをめくる向《む》こう側《がわ》に、未知《みち》の世界《せかい》、ドキドキのみらいが無限《むげん》に広《ひろ》がっている。これこそが「本《ほん》」だけが持《も》っているパワーです。

学校《がっこう》の朝《あさ》の読書《どくしょ》に、休《やす》み時間《じかん》に、放課後《ほうかご》に……。いつでも、すぐに続《つづ》きを読《よ》みたくなるような、魅力《みりょく》に溢《あふ》れる本《ほん》をたくさん揃《そろ》えていきたい。読書《どくしょ》がくれる、心《こころ》がきらきらしたり胸《むね》がきゅんとする瞬間《しゅんかん》を体験《たいけん》してほしい、楽《たの》しんでほしい。みらいの日本《にほん》、そして世界《せかい》を担《にな》うみなさんが、やがて大人《おとな》になった時《とき》、「読書《どくしょ》の魅力《みりょく》を初《はじ》めて知《し》った本《ほん》」「自分《じぶん》のおこづかいで初《はじ》めて買《か》った一冊《いっさつ》」と思《おも》い出《だ》してくれるような作品《さくひん》を一所懸命《いっしょけんめい》、大切《たいせつ》に創《つく》っていきたい。

そんないっぱいの想《おも》いを込《こ》めながら、作家《さっか》の先生方《せんせいがた》と一緒《いっしょ》に、私《わたし》たちは素敵《すてき》な本作《ほんづく》りを続《つづ》けていきます。「みらい文庫《ぶんこ》」は、無限《むげん》の宇宙《うちゅう》に浮《う》かぶ星《ほし》のように、夢《ゆめ》をたたえ輝《かがや》きながら、次々《つぎつぎ》と新《あたら》しく生《う》まれ続《つづ》けます。

本《ほん》を持《も》つ、その手《て》の中《なか》に、ドキドキするみらい――。

本《ほん》の宇宙《うちゅう》から、自分《じぶん》だけの健《すこ》やかな空想力《くうそうりょく》を育《そだ》て、〝みらいの星《ほし》〟をたくさん見《み》つけてください。

そして、大切《たいせつ》なこと、大切《たいせつ》な人《ひと》をきちんと守《まも》る、強《つよ》くて、やさしい大人《おとな》になってくれることを心《こころ》から願《ねが》っています。

2011年《ねん》　春《はる》

集英社《しゅうえいしゃ》みらい文庫編集部《ぶんこへんしゅうぶ》